Mujer
PARA TI

HAYDEE SANTIAGO

La lectura de este libro te ayudará a convertirte en una mujer de realeza, dispuesta a disfrutar la vida que Dios te ha dado y a perseguir tus metas y sueños.

CHRISTIAN EDITING

Heaven

Para ti mujer

Publicado por:
Christian Editing Publishing House
Miami, Florida
ChristianEditing.com

Cubierta, diseño interior y edición:
Andrea Sastoque
Made In Heaven

Todas las referencias bíblicas fueron tomadas de la Biblia Reina-Valera, revisión de 1960, a menos que se indique otra fuente.

ISBN: 978-1-938310-44-7

Contacto de autor:
Haydee Santiago
299 Barclay St. Perth Amboy, NJ 08861
(732) 713-1363
pastorhaydees@aol.com

Categorías: Vida cristiana. Familia. Mujer.

Impreso en Colombia

Dedicatoria

A mi Salvador Jesucristo. Él es el motivo principal de mi vida. A mis dos hijos, Alvin Noel y Heidi Joan. Agradezco sus palabras de ánimo y motivación para que alcanzara mi sueño y mi meta. Detrás de todo lo que hago, ustedes dos siempre están presentes. Los considero el mejor regalo de Dios para mi vida.

Agradecimientos

A mi esposo y a mis dos hijos, a quienes amo con todo mi corazón. A mi padre, Francisco Otero, quien falleció mientras yo preparaba este material. A mi madre, Flora Ortiz, mujer virtuosa. Por último, a las mujeres del Centro Cristiano de Perth Amboy, en Nueva Jersey, Estados Unidos, quienes han sido mi inspiración principal. Sobre todo, agradezco a quien es mi gran inspiración, a mi querido y amado Salvador Jesucristo: Tú siempre te llevarás la gloria de todo lo que hago.

Índice

Prólogo

Permítame presentarle a la autora de este libro, una verdadera dama. He conocido a muchas lindas mujeres de realeza, quienes son damas. Ésta es una de ellas. Ella tiene un carácter definido, es fuerte como el cedro, segura en su propósito y destino, tierna y amorosa como sólo una madre lo puede ser. Ella es una persona sana, con valores muy profundos. Ella es mi dulce compañera, eterna enamorada, a quien conocí a sus diecinueve años de edad. Hoy ella es la Pastora Dra. Haydee Santiago, el regalo que Dios me dio como esposa. Ella posee una combinación de sentimientos y valores que facilita el desglose, en forma definida, de principios que empoderan a la mujer y hacen sensibles al hombre. Ella educa al joven y reafirma al anciano. Su motivación es empoderar, apoyar, confrontar, sanar, y ver con visión profética a una generación de mujeres guerreras que marquen su historia, para dejar de ser víctimas y convertirse en victoriosas damas en el Reino de su Amado Jesucristo.

Comparto con usted este regalo que conozco por más de treinta años de matrimonio. Ella es también la madre de mis dos hijos, Heidi Joan y Alvin Noel, quienes funcionan como pastores en el PAC Center, localizado en la Ciudad de Perth Amboy, Nueva Jersey, USA. Hemos tenido el privilegio de levantar y supervisar congregaciones con cobertura apostólica. La pastora Haydee Santiago ocupa también la oficina profética, lo cual expresa al educar, predicar, y dictar conferencias, al igual que en sus facetas de líder y autora. Ella se ha convertido en defensora del ministerio femenino, es una mujer esforzada, valiente, enriquecedora y clara en las verdades.

Cuando Dios hizo el diseño original de la mujer, Su intención con ella nunca fue verla pisoteada, maltratada o rebajada. Sin embargo, la historia nos habla de los conceptos erróneos que las sociedades y culturas han desarrollado acerca del propósito y de las funciones de la mujer. Es por eso que este libro libera la mente y ubica a la mujer en alineación con el propósito y posición original de Su Creador. Tener este libro en sus manos le ayudará en su diario vivir. El deseo y sueño de su autora es alcanzar a la mujer en áreas de necesidad, tales como su autoestima y su rol o posición como esposa, madre y líder espiritual. Le animo para que reciba el contenido de este libro como un aporte a la familia, la cual lucha por levantarse en el siglo actual, rodeada de muchos retos. Este libro viene adornado con consejos de una madre espiritual, quien ha aprendido sistemática y empíricamente a lo largo de su trayectoria personal y ministerial.

Apóstol Noel Santiago, Dr.

Introducción

"El corazón del hombre traza su rumbo,
pero sus pasos los dirige el Señor."
(Proverbios 16:9, NVI)

Este libro está diseñado para ayudar a las mujeres a apreciar su personalidad y para que entendamos que fuimos hechas por el Creador del universo. Los temas incluidos están dirigidos a la mujer de hoy. ¡Tú puedes convertirte en una mujer de valor! Mi énfasis primordial es ayudar a las mujeres a establecer una autoestima saludable, a ser poderosas en su fe y en su testimonio, a establecer metas, a perseguir sueños y a disfrutar la vida que Dios les ha dado.

Me parece ver a Jesús aconsejando a muchos hombres acerca de cómo tratar a sus mujeres: *Ámala y respétala, porque es frágil. Si la hieres, me estás hiriendo a mí. Lo que le haces a ella me lo haces a mí. Al aplastarle, dañas su corazón y así dañas también el corazón de su Padre Celestial y de sus padres terrenales.* Dios le dice hoy a cada mujer: *Camina en lo que he dicho de ti y para lo que te creé. Yo te doy fuerzas cuando eres débil y dirección cuando estás confundida. Tú eres mi preciosa creación. Yo te aseguro que no eres un error o una casualidad.* Cuanto más creas esta verdad y la vivas, más segura y bella serás. El ministerio de Jesús fue uno que plasmó y marcó la historia con su mensaje de confrontación y cambio. Él vino a salvar lo que se había perdido. El segundo Adán, Jesús, vino a restaurar esa habilidad y autoridad que Adán perdió para la raza humana con su caída. Él vino también a restaurar y a poner en orden sistemas religiosos y culturales, entre ellos el trato y la posición de la mujer en la cultura y en la sociedad.

Yo les aseguro que cientos, miles y aun millones de mujeres han sido libres del yugo de esclavitud. Ahora, al igual que los hombres, ellas pueden trabajar en lugares dignos. No hay nada que impida a la mujer de hoy crecer de manera intelectual, secular, social y espiritual; se caen todas las barreras y limitaciones. ¡Tú puedes lograr tu propósito en Dios y realizar tus sueños! Si eres madre, a menos que por decisión mutua tú y tu pareja decidan que te quedes en la casa, cuidando de los niños porque son pequeños, no deberías ver esto como un obstáculo. Siempre existen posibilidades para que buenas personas puedan cuidar a tus hijos mientras tú te superas y ayudas a que tu familia prospere económicamente. Tú puedes realizarte saludablemente como mujer, madre, esposa y como hija de Dios. Solamente tienes que aprender a tomar decisiones y a administrar sabiamente tu tiempo y los recursos que te vengan a la mano.

La vida trae sorpresas de vez en cuando. Mi propia experiencia en el ejercicio diario del ministerio pastoral ha sido mi escuela principal en la vida. Enseñar, aconsejar y empoderar a las mujeres que pastoreamos, me ha equipado para poder escribir este libro. Mujeres como yo, quienes se criaron en hogares donde los varones fueron dominantes y siempre ejercieron la autoridad, tenemos bastante tela para cortar. Muchos de nuestros padres no conocían otros métodos de crianza más que los que usaron con ellos, y creían que esa era la manera más correcta de criar a los hijos. Permítame alzar una banderita de precaución. Es sumamente importante que aquellos que vivimos estas experiencias no las traigamos a nuestra familia actual, convirtiéndonos así en una generación intolerante y cruel. Éste no debe ser nuestro modelo a imitar. Muchos de nuestros padres fallaron en su rol porque no tuvieron buenos modelos, pero esa cadena no tiene que repetirse. Tú puedes tener un hogar feliz, una familia llena de paz y amor, con buenos elementos de disciplina, corrección y a la misma vez de superación.

Yo declaro y confieso que a medida que vayas leyendo este libro, recibirás la luz y la paz que hace tiempo estás buscando. Te aseguro que eso llegará a tu vida. Si estás al tanto de las noticias, sabrás que todavía hay mujeres que están sufriendo maltratos y agresiones de todo tipo. Es necesario que sigamos enseñando a la sociedad, a nuestras congregaciones y dondequiera que tengamos la oportunidad, para que esas ataduras sean rotas. Mi interés primario es educar a la mujer de este siglo, especialmente a la mujer que tiene deseos de superarse como hija de Dios, madre, esposa e integrante de esta sociedad. Me parece que en la época que nos ha tocado vivir, se hace imprescindible que más mujeres y hombres llenos de la unción de Dios y de Su sabiduría, escriban libros que desnuden el corazón y lleguen a la necesidad interior de la mujer. Sería maravilloso que nos convirtiéramos en vehículos de liberación, y que podamos aportar un granito de arena para que muchas mujeres cumplan su propósito y alcancen su máximo potencial en Dios. Así, ellas podrán llegar a conocerse mejor a sí mismas, y aprenderán a desarrollar fortalezas internas para enfrentar los retos que se les presenten en la vida.

I

Mujer, ¿eres libre?

Hay una sola cosa que rige la mayor parte de la vida: una conciencia tranquila.

"Amados, si nuestro corazón no nos reprende, confianza tenemos en Dios."
(1 Juan 3:21)

La mujer samaritana

(Juan 4:1-28)

Puede que en tu vida hayas conocido a alguna mujer que se encuentre o se haya encontrado en el dilema de la mujer samaritana (Juan 4:1-28). Tal vez encuentres algún punto en común entre su historia y la tuya. Existen tres puntos de interés especial en esta historia: la persona, el problema y el remedio. Miremos la forma de acercamiento que utilizó Jesús para confrontar su situación y, a la misma vez, derribar algunos conceptos de sectarismos religiosos que existían en aquella época. En el transcurso de la conversación, se dieron diez pasos:

Paso 1

"Llegó a un pueblo samaritano llamado Sicar, cerca del terreno que Jacob le había dado a su hijo José. Allí estaba el pozo de Jacob.

Jesús, fatigado del camino, se sentó junto al pozo. Era cerca del mediodía" (v. 5-6).

Todos estamos hechos para amar y ser amados. Cada ser humano está sediento de amor. A lo largo de las Escrituras, esta sed se representa de muchas formas. Vale la pena recordar que el Evangelio de Juan está lleno de simbolismos, incluso en sus mínimos detalles. En esta escena en particular, el pozo, el lugar donde la gente sedienta viene a buscar agua, es un símbolo de esa búsqueda de amor. Samaria representa nuestra lejanía de Dios. Antes que comencemos nuestra búsqueda, aun en medio de nuestro camino pecaminoso, Jesús ya está allí esperándonos. Él se acerca a nosotros y a pesar de nuestras repetidas infidelidades, se mantiene firme en su larga búsqueda de nuestro amor. Él viene al pozo *"cansado de su viaje"*.

Paso 2

"Vino una mujer de Samaria a sacar agua; y Jesús le dijo: Dame de beber. Pues sus discípulos se habían ido a la ciudad a comprar de comer. La mujer samaritana le dijo: ¿Cómo tú, siendo judío, me pides a mí de beber, que soy una mujer samaritana? Porque judíos y samaritanos no se tratan entre sí" (v.7-9).

La mujer samaritana simboliza toda nuestra pobreza humana. Al ser samaritana, ella había perdido toda dignidad religiosa y no tenía derechos o dignidad civil. Ella representa el vacío, el alejamiento de Dios y la pérdida de la dignidad humana que nos hemos causado con nuestra sed egocéntrica. Ella se acercó al pozo a sacar agua (fue en su necesidad y en su búsqueda de amor) en la hora sexta, es decir al medio día, cuando su sed era más abrasadora. En su momento de mayor necesidad, en el mismo lugar de su errónea búsqueda humana, ella se encuentra con Jesús, quien le dice: *"Dame de beber..."* Ya que ésta pobre mujer ignorante y pecadora representa al máximo la pobreza de la humanidad y su distanciamiento de Dios, Jesús no puede resistir revelarle algo del misterio de su sed, algo que Él revelaría públicamente al mundo solamente en el Calvario. Los discípulos se habían ido cuando Él extendió a esta mujer su invitación, pues este encuentro con su sed sólo puede ocurrir en la intimidad del pozo de nuestro corazón. "*¿Cómo tú, siendo judío, me pides a mí de beber, que soy una mujer samaritana?* " Ella expresó la falta de confianza y la indecisión humana ante la invitación de Jesús. *Tú eres un judío y yo una samaritana. Tú eres el Hijo de Dios y yo una miserable pecadora. ¿Cómo tú me pides a mí de beber? ¿Cómo podría yo jamás saciar tu sed?* No olvidemos con quién estaba hablando Jesús, y quién era la mujer que había sido escogida para ser el primer ser humano en recibir la revelación e invitación de la sed de Jesús. Ella era una hereje, una mala mujer, una mujer que había adulterado cinco veces.

Paso 3

"Respondió Jesús y le dijo: Si conocieras el don de Dios, y quién es el que te dice: Dame de beber, tú le pedirías y él te habría dado agua viva" (v.10).

Jesús quiere mostrarnos que darle de beber no es un regalo que nosotros le damos a Él, sino que Él nos lo da a nosotros. El *"don de Dios"*, su sed y su invitación, son de verdad un gran regalo, pues sólo un encuentro con Él puede saciar plenamente nuestra necesidad de amar y de ser amados. No se trata de un pobre pordiosero que pide por necesidad, sino del Dueño del mundo que pide por sobreabundancia de amor. Es realmente Él quien sacia nuestra infinita sed. Al decirle: *"tú le habrías pedido a Él"*, Jesús buscaba despertar la sed que la samaritana tenía de Él. Ese era el punto a donde Jesús quería llegar en esa conversación. Éste era su propósito al revelar el don de su propia sed. Si ella hubiese entendido su don y quién era Él, sería ella quien le hubiera pedido de beber, expresando así su propia sed. El contacto con la sed de Jesús por nosotros, despierta nuestra propia sed de Él. *"Y Él te habría dado agua viva."* Si pedimos, si tenemos sed de Él, Él nos dará agua mejor que ninguna otra que hayamos encontrado: el agua viva de Su amor infinito.

Paso 4

"La mujer le dijo: Señor, no tienes con qué sacarla, y el pozo es hondo. ¿De dónde, pues, tienes el agua viva? ¿Acaso eres tú mayor que nuestro padre Jacob, que nos dio el pozo del cual bebieron él y sus hijos y sus ganados" (v.11, 12).

La mujer samaritana nuevamente hace eco de nuestras dudas. Ella ha buscado durante años el amor que necesita y no va a abandonar esa búsqueda con la esperanza de ser saciada por el Señor, sin antes tener alguna seguridad. *"El pozo es hondo"*, le dijo esta mujer a Jesús, queriendo realmente decir *el pozo de mi corazón es hondo. ¿Puedes Tú llenarlo a cabalidad?* Al decirle *"no tienes nada con qué sacarla,"* ella expresa su inquietud al no ver con que medio humano Jesús podía saciar su sed. *No posees ninguna de las maneras de sacar agua que yo he utilizado hasta ahora. ¿Cómo lo harás? ¿Acaso eres tú más que nuestro padre Jacob, que nos dio el pozo? ¿Acaso quieres decir que Tú puedes dar más y mejor amor del que yo he encontrado hasta ahora?*

Paso 5

"Todo el que beba de esta agua volverá a tener sed - respondió Jesús - pero el que beba del agua que yo le daré, no volverá a tener sed jamás, sino que dentro de él esa agua se convertirá en un manantial del que brotará vida eterna" (v.13, 14).

Todo el que busque solamente amor humano para saciar su sed, siempre tendrá sed, ya que el simple amor humano, especialmente cuando se busca de una manera egoísta o pecaminosa, no puede nunca satisfacer las profundidades del corazón humano. Si buscamos ese amor que tanto anhelamos en Jesús, jamás nos faltará amor, jamás estaremos vacíos, jamás estaremos sedientos. De hecho, mientras más sedientos estemos, más Él nos llenará con el amor que es Su propia sed por nosotros. *"El agua que yo le dé, se convertirá él en fuente de agua que brota para vida eterna"*. Jesús no necesita de medios externos para comunicar ese amor, ni dependerá de eventos o personas externas para transmitirlo. Él mismo se convertirá en una fuente viva dentro de nosotros y siempre estará allí, creciendo hasta su culminación en la vida eterna, cuya propia naturaleza es el flujo máximo de las aguas vivas del sediento amor de Dios.

Estar sedientos de Dios nos da energía, aun en medio de afanes y pruebas. Estar sedientos humanamente nos seca y fatiga, aun en medio de la tranquilidad y el éxito.

Paso 6

"Señor, dame de esa agua para que no vuelva a tener sed ni siga viniendo aquí a sacarla" (v.15).

La táctica de Jesús funcionó. Por primera vez, la mujer samaritana expresa su sed por lo que Jesús ha prometido dar. Este es el momento decisivo en su conversión y en la nuestra. Ella ya había conocido la sed de Jesús por ella, pero nada cambió hasta que ella permitió que la sed de Jesús despertara su sed. La sed de Dios ha tocado y ha sido correspondida por la sed del hombre y así el milagro comienza. Vemos ya un paso adelante de la gracia que está trabajando en ella. Ella se dirige hacia Jesús, quien la conduciría a saciar su constante sed del pasado. La conversión es un camino gradual, en el cual vamos de estar sedientos por otras personas, cosas, eventos, o situaciones, a estar sedientos solamente por Jesús. *"Y no tenga que venir aquí a sacarla."* Esta mujer comenzó a darse cuenta de una gran verdad: todo lo demás por lo que se tenga sed, no sólo provoca insatisfacción sino que fatiga el alma. Estar sedientos de Dios nos da energía, aun en medio de afanes y pruebas. Estar sedientos humanamente nos seca y fatiga, aun en medio de la tranquilidad y el éxito.

Paso 7

"Ve a llamar a tu esposo, y vuelve acá –le dijo Jesús. –No tengo esposo –respondió la mujer. –Bien has dicho que no tienes esposo. Es cierto que has tenido cinco, y el que ahora tienes no es tu esposo. En esto has dicho la verdad. –Señor, me doy cuenta de que tú eres profeta. Nuestros antepasados adoraron en este monte, pero ustedes los judíos dicen que el lugar donde debemos adorar está en Jerusalén" (v.16-20).

Jesús enfatiza el vínculo de alianza que este tipo de sed radical crea entre Dios y el alma, ubicando su búsqueda de amor en un contexto matrimonial. Esta es la profundidad de la relación que Dios busca establecer con cada uno de nosotros, una relación de esposo y esposa, expresada en totalidad y fidelidad. Esta mujer no tenía idea alguna de los valores del matrimonio. Tal vez en su vocabulario no existían las palabras bondad, fidelidad, protección, afecto, ni tan siquiera amor. Jesús no la estaba condenando, sino que la estaba invitando a dar ese último paso hacia la corrección de una conducta incorrecta. El propósito de Jesús era saciar tanto la sed de Él cómo la de ella misma, llevándola a examinar su conciencia al notar su falsa sed o anhelos vehementes. Al principio, ella sólo acepta su estado general de infidelidad y su sed ilegítima al decir: *"No tengo marido"*. Sin embargo, Jesús quiere que ella descubra, en detalle, las raíces de su falsa sed, una por una (*"has tenido cinco"*), ya que hasta que estas fueran vistas y reconocidas, permanecerían produciendo lo mismo.

Podemos sinceramente desear estar sedientos de Jesús y tener sed sólo de Él, pero hasta que admitamos nuestro estado general de una sed egoísta, hasta que llamemos por su nombre a cada falsa sed, no progresaremos en nuestro encuentro con la verdad de quiénes somos y a dónde Jesús nos quiere llevar.

Jesús, al revelarle a esta mujer que el hombre con quien vivía no era su marido, nos demuestra que las cosas por las que actualmente estamos sedientos fuera de Él, no sólo son errores e infracciones a la ley, sino que son infidelidades de amor a aquel que es el único esposo del alma. Al estar sedientos de nuestros muchos deseos, esperanzas humanas, ataduras, planes y ambiciones, los desposamos. La Biblia nos dice en Mateo 6:21: *" Porque donde esté vuestro tesoro, allí estará también vuestro corazón"*. De cada uno de éstos tesoros, Jesús nos recuerda: *"Este no es tu marido"*. La sed con la que te has desposado no es tu esposo legítimo. Al persistir en ello, sin ningún esfuerzo de examinar esos anhelos, nos lastimamos a nosotros y también herimos al Señor. Él mismo nos advertirá sobre ésto como lo hizo con la samaritana. Sin embargo, lo que debemos evitar es la tentación de distraer nuestra atención de lo que es puro y recto delante de Dios. Dios detesta la infidelidad.

Paso 8

"Sé que viene el Mesías, al que llaman el Cristo – respondió la mujer – . Cuando él venga nos explicará todas las cosas. – Ése soy yo, el que habla contigo – le dijo Jesús" (v.25, 26).

Ella sabía que el Mesías estaba por venir, Aquel que cumpliría todas las promesas. La mujer samaritana está profundamente conmovida por todo lo que Jesús le ha dicho, pero sigue mirando hacia el futuro para una realización plena. Ella sabe que el Mesías lo explicaría todo, que Él revelará todo lo que fuera necesario saber de Dios y de nuestra relación con Él. Jesús le dice: *"Yo soy, el que está hablando contigo"*. Jesús es el Mesías del ahora. Él tiene sed de nosotros en el momento presente y es nuestra realización. No tenemos necesidad de siempre estar buscando más allá del horizonte. Él nos está hablando ahora, extendiéndonos Su invitación a la plenitud en su sed presente. No hay necesidad de planear o de esperar algún momento futuro cuando estemos en mejores condiciones de descubrir y saciar su sed por completo. El momento es ahora. Jesús te dice: *Yo soy, El que está hablando contigo ahora. Yo soy tu realización, ahora.* La invitación de su sed hoy es la completa realización de nuestro deseo de amor y de conocimiento. Su presente sed por mí me revela quién es Él en el eterno presente de la divinidad e ilumina mi relación hacia Él en mi situación actual.

Paso 9

"La mujer dejó su cántaro, volvió al pueblo y le decía a la gente: – Vengan a ver a un hombre que me ha dicho todo lo que he hecho. ¿No será éste el Cristo?" (v.28, 29).

La gracia ha triunfado. La mujer samaritana ya no necesitaba sus antiguos métodos de buscar amor, simbolizados por el cántaro. Ella ahora confía en Jesús, renuncia a todo aquello que había formado parte de su vida anterior y va alegre, a toda prisa, a compartir la invitación que le hizo Jesús con otros. Si nosotros esparcimos el mensaje que Jesús le dio a la samaritana, ayudaremos a encaminar a otros a la fe y al gozo de experimentar la libertad de vivir una vida llena del agua de Jesús.

Paso 10

" Muchos de los samaritanos que vivían en aquel pueblo creyeron en él por el testimonio que daba la mujer: «Me dijo todo lo que he hecho.» 40 Así que cuando los samaritanos fueron a su encuentro le insistieron en que se quedara con ellos. Jesús permaneció allí dos días, 41 y muchos más llegaron a creer por lo que él mismo decía. – Ya no creemos sólo por lo que tú dijiste – le decían a la mujer – ; ahora lo hemos oído nosotros mismos, y sabemos que verdaderamente éste es el Salvador del mundo" (v.39-42).

Para la mujer samaritana y para nosotros, el encuentro viene antes que la misión. Hemos visto la invitación que Jesús le hace a esta mujer. Esto significa que Jesús siempre quiere saciar nuestra sed. Su cántaro siempre estará lleno de esa agua viva y fresca que nos limpiará por dentro y por fuera. El agua que le ofreció Jesús a esta mujer tenía la capacidad de sanarla física, emocional y espiritualmente, a pesar de su horrendo pasado.

Jesús desea despertar nuestra sed por Él. Tener sed de Él no se trata de un sentimiento, sino de un deseo de rendirle nuestra voluntad. Esa sed debe ser una sed viviente, que esté dirigida solamente a Él. Nuestras debilidades deben estar sujetas a la voluntad de Dios. Dios no desea que tú sigas siendo una víctima de tus deseos carnales. Tu carne te dirá: *Fornica. Adultera. Peca. No sientas remordimiento por tus acciones pasadas. Eso es pasajero. Mañana todo pasará y se volverá parte de tu pasado*. Ten cuidado con esto. No juegues con la tentación, pues las consecuencias podrían ser fatales. Te acuestas con un hombre hoy y ya mañana deseas otro. El pecado es como el cáncer que comienza con una pequeña célula infectada y culmina con la muerte. Una vez que experimentas el placer de tus deseos carnales, es como si se despertara un enorme monstruo adentro de tu ser que tú desconocías. Este se apodera de tu mente, de tus deseos y de tu alma, mientras sientes que te empuja hacia un gran abismo que te lleva más y más lejos de Dios.

Jesús decidió tener la conversación más larga con una mujer que era culturalmente rechazada y catalogada como inmunda, extranjera e inmoral. Jesús rompió los prejuicios de género y de raza, al punto que hasta sus discípulos quedaron atónitos. Como la mujer samaritana, sólo necesitas llenarte de valor y permitir que el Señor se te revele. *"Si conocieras el don de Dios, y quién es el que te dice: Dame de beber; tú le pedirías, y él te daría agua viva"* (Juan 4:10). Pongamos a un lado todos nuestros cántaros viejos y comencemos a sumergirnos en el agua viva que nos limpia y nos trae descanso.

La mujer del flujo de sangre: Fe que rompe barreras

(Marcos 5:25-34)

La Biblia nos narra un segmento de la vida de esta mujer. Lo poco que conocemos de ella, nos revela lo oportuno y preciso de la intervención de Jesús en su vida. Nuestras mentes post-modernistas, de remedios rápidos y soluciones instantáneas, nos llevan de primera instancia a perder de perspectiva la desesperación de una mujer que, durante doce años, estuvo sufriendo el azote de una enfermedad. Si estudiamos un poco a cerca de las consecuencias socioculturales de esta enfermedad bajo la Ley Mosaica (Levítico 15:25-27), nos damos cuenta que se trata de una mujer que no solamente padece de una condición, sino que carga consigo el peso del aislamiento, del abandono y del rechazo, hasta llegar al punto de total impotencia debido al agotamiento de sus recursos económicos.

Esta situación tal vez no sea la tuya, pero en tu caminar puede ser que hayas estado en contacto con alguien así. Un día, esta mujer escuchó de Jesús. Ella pudo haber escuchado hablar de Él como si fuera un Rabí o maestro, un profeta más de Israel o como otro que se hacía llamar el Cristo. Eran doce años de espera y de intentos, doce años en los cuales esta mujer estuvo aislada de sus padres, hermanos, hijos y esposo. Era de esperarse que su única esperanza fuera creer, con todo su corazón, que ese Jesús del que tanto decían que sanaba a los ciegos, que levantaba a paralíticos y que hacía oír a los sordos, la sanaría a ella también de su enfermedad y así se terminaría ese sufrimiento que la había agobiado por tantos años.

Hemos leído que su estigma social era tan grande, que todo lo que ella tocaba lo hacía inmundo. Entendemos que el hecho de ir sigilosamente abriéndose paso entre la multitud, era una misión de vida o muerte. ¿Te has puesto a pensar qué hubiese sido de esta mujer si la hubiesen descubierto en este acto de contaminación hacia la gente que estaba en ese lugar? No puedo dudar que la muerte hubiese sido una opción para la multitud enfurecida por lo que allí había ocurrido. Ella no solamente iba tocando a la gente mientras se abría paso por la multitud. Esta mujer, en su desesperación que se transformó en una fe que no mide consecuencias y que sólo ve resultados, tenía como meta tocar a Jesús. Ella pensó: *"Si tocare tan solamente su manto, seré salva"* (v.28). Su última opción estaba frente a ella, rodeado de una multitud que lo apretaba. En el mismo instante que esta mujer tocó el manto de Jesús *"y en seguida la fuente de su sangre se secó; y sintió en el cuerpo que estaba sana de aquel azote"* (v.29). No encuentro otra palabra que describa mejor su situación. Parecía que había un látigo sobre su espalda que la lastimaba, sacando sangre de su piel, simbólicamente, así como luego lo harían con Jesús antes de crucificarlo.

¡Sana, por fin sana! Estas palabras correrían por su mente hasta el momento donde todo lo sucedido quedaría expuesto. El Maestro preguntó: *"¿Quién me ha tocado?"* pues Él conocía que poder había salido de Él. Pareciera que esto sería su final. Esta pregunta retumbaba en su cabeza, ya que para ella no era tan ilógica como para sus discípulos. De repente, entre la multitud expectante se va abriendo paso una mujer llena de miedo, porque sabía lo que allí había sucedido. Entre pasos temblorosos y una fuga de ideas de lo que le pudiera suceder, su peregrinar culminó con su rostro en el suelo, postrada ante Jesús, diciendo toda la verdad. *Este será mi final,* pensó ella. Sin embargo se llevó una sorpresa muy desconcertante al escuchar a Jesús diciendo: *"Hija, tu fe te ha hecho salva; ve en paz, y queda sana de tu azote"* (v.34). Qué acto de misericordia tan asombroso, tan amoroso y tan tierno el de nuestro Maestro con esta mujer. Ella no solamente recibió la sanidad de su cuerpo y el regalo de la vida eterna, sino que también se le devolvieron los abrazos de sus hijos, los amores de su esposo,

las caricias de sus padres y su dignidad en la sociedad que antes la había rechazado tantas veces.

La intervención de Dios en nuestra vida es integral. Como a esta mujer, Dios desea sanar nuestras dolencias, reconciliarnos con Él y sanar nuestra perspectiva de quién es Él. Para esta mujer, Jesús no sería más el hombre aquel del que se decía que era un Rabí, un profeta más o un milagrero. Jesús se convirtió en el ser más real y personal para ella, aquel que la sanó y la restauró. Esta experiencia puede aplicarse a tu situación. Aunque tu problema esté arraigado en el pasado, el remedio es la presente Palabra de Dios. Juan 8:36 dice: *"Así que, si el Hijo os libertare, seréis verdaderamente libres"*. Hebreos 13:8 dice: *" Jesucristo es el mismo ayer, y hoy, y por los siglos"*. Dios no cambia con el modernismo. Ésto significa que, a través de la palabra que escuchas o lees, puedes recibir sanidad para tu pasado, tu presente y aún para tu futuro.

La mujer encorvada: Fe que mueve montañas

(Lucas 13:10-17)

Miremos la historia de una mujer que vivió encorvada durante dieciocho años, retorcida como un árbol viejo tanto tiempo, sin mirar a nadie a los ojos, caminando sola por las calles. Sin embargo, un buen día, ella escuchó hablar de un hombre llamado Jesús, quien sanaba a los enfermos. Ella veía a Jesús de lejos, pero temía acercarse a Él (v.14). La mujer encorvada sabía que Jesús la podía sanar. Ella tenía fe en Él. Un día, Jesús se encontraba en la sinagoga con los sacerdotes. En esa época, las mujeres no tenían mucho acceso a la sinagoga, pues su entrada era restringida. Sin importarle eso, la mujer encorvada se armó de valor y entró a ese recinto. *"Cuando Jesús la vio, la llamó y le dijo: Mujer, eres libre de tu enfermedad"* (v.12). Esta es la fe que mueve montañas (Mateo 17:20).

Hoy podemos caminar firmes sobre la fuerza que extraemos de la fe que ejercitamos ayer. Así también estaremos firmes mañana, si nos basamos en la fe que ejercitamos hoy.

Jesús quiere que entendamos que la fe en Dios es el recurso más poderoso que poseemos las mujeres cristianas. Esta mujer demostró que tenía fe y la usó para armarse de valor y valentía al buscar a Jesús. La clave de este pasaje es creer y no dudar. Lo que una persona de fe busca y pide le será concedido por nuestro Padre Celestial. Recordemos que cuando la fe es ejercida, ésta puede cambiar nuestra vida y la vida de los que nos rodean. Pero, ¿cómo crece la fe? En Romanos 1:17, Pablo nos dice que la justicia de Dios es revelada por medio de la fe en Jesús. Todo lo que aprendemos de Dios es revelado por medio de la fe, desde el comienzo hasta el fin de nuestra vida. Crecemos en justicia y vamos de fe en fe, desde el comienzo hasta el final. La fe le fue revelada a esta mujer encorvada. Ella la recibió y la retuvo desde el comienzo hasta el final, desde que vio a Jesús hasta que pudo llegar a Él. Hoy podemos caminar firmes sobre la fuerza que extraemos de la fe que ejercitamos ayer. Así también estaremos firmes mañana, si nos basamos en la fe que ejercitamos hoy. Así es como crece nuestra fe.

Para que nuestra fe produzca resultados, debemos actuar. La fe sirve para glorificar a Dios. Si no utilizamos nuestra fe, la perderemos. Si te identificas con la situación de esta mujer, hoy Dios te dice que ya no tienes que andar encorvada, arrastrando sobre tu espalda el peso que has cargado por tanto tiempo. Jesús quiere liberarte. Él quiere que seas libre hoy y para siempre. Si soltaste tus cargas, no vuelvas a recogerlas. Muévete y avanza a tu futuro y destino profético.

Conviértete en una mujer de realeza, que no le tiene temor a su pasado y que lo utiliza como plataforma para moverse hacia su futuro. La mujer encorvada escuchó de Jesús y Sus milagros y lo buscó por fe, aceptando Su mensaje. El Evangelio es Jesús y tiene poder para cambiar vidas y actitudes. La fe de esta mujer fue reconocida por Jesús cuando le dijo: *"Mujer, eres libre de tu enfermedad"* (v.12).

Nosotras, aunque somos hijas de Dios, también sufrimos adversidades. Muchas veces nos encontramos encorvadas, pero debemos demostrar al mundo que nos rodea que nuestra fe será el ancla de nuestra fortaleza para movernos a alcanzar lo que nos pertenece por herencia. Si en tu vida has tenido situaciones que han marcado tu cuerpo y corazón, si en alguna manera te has sentido como esa mujer, con un peso en tu espalda que eres incapaz de remover, con certeza te digo que hoy puedes ser liberada de esa carga. Entrégale tu prueba, tu dolor y todo lo que te agobia a Jesús y serás completamente libre de ese azote.

II

Lo que Dios desea de una mujer

Mire a su alrededor y se angustiará, mire en su interior y se deprimirá, mire a Jesús y descansará.

"A Jehová clamé estando en angustia, y él me respondió"
(Salmo 120:1)

Aunque se presentan estadísticas acerca de cuántas personas son religiosas, creen en Dios y asisten a una iglesia o templo, la realidad visible es que, en la mayoría de los casos, existe la obsesión de vivir para sí mismo, haciendo planes y actuando de manera que no necesariamente denota la existencia o intervención divina en la vida de ellas. Dios muchas veces ha sido relegado a un plano inferior, algo así como una rueda de repuesto en el baúl del automóvil, cobrando valor solo si ocurre algún percance en el camino. Sin embargo, Dios es tolerante. Él espera y no se entromete en los asuntos cotidianos, ya que las personas tienen sus propios planes acerca de cómo hacer su voluntad. Por otra parte, existen personas cuya fe es integral y ésta es parte vital de su pensar, sentir y actuar cotidianos. Aun así, las personas pueden experimentar problemas espirituales o emocionales, debido a varios factores.

Diferencia entre una enfermedad física y una enfermedad del alma

El término *psicopatología* se divide etimológicamente en tres parte: *psyché* (que significa alma o razón), *páthos* (que significa enfermedad), y *logía* o *logos'* (que significa *discusión o discurso racional*). Este puede ser usado en dos sentidos: Primero, como término de estudios, haciendo referencia a aquella área de la salud que describe y sistematiza los cambios en el comportamiento de una persona, que no son explicados por el desarrollo del individuo ni como resultado de procesos de aprendizaje. Segundo, como término descriptivo, haciendo referencia específica a un signo o síntoma de una enfermedad o trastorno.

No podemos fallar en reconocer que el ser humano ha caído y que, en cierta manera, se ha convertido en muchas ocasiones en apóstata de sus creencias y de su fe religiosa. En nuestro tiempo, lo demoníaco tiende a ser evitado, negado, ridiculizado o exagerado. En manera especial, el sensacionalismo de algunos predicadores ha hecho que, en muchos círculos cristianos, se les dé una importancia exagerada y se viva echando demonios aparentemente presentes debajo de cada banca o lugar por donde pasamos o estamos. Aún en nuestras iglesias cristianas, existe gente que todavía están sufriendo las influencias de haber sido parte de una familia donde se practicaba la hechicería y se siguen colando creencias raras. El interés por las cosas espirituales negativas y la participación demoníaca en el mundo que nos rodea, se hace notar bastante. La gente anda tratando de buscar respuestas a sus problemas espirituales, materiales y físicos en lugares incorrectos. Sin embargo, debemos recordar que la influencia satánica es limitada, que su poder no es eterno y que Dios nos da la fortaleza y la capacitación para pelear la buena batalla. El dar consejos entre personas afligidas, oprimidas o consideradas bajo una influencia espiritual negativa es necesario para emplear las armas de nuestra milicia, las cuales responden a la unción del Espíritu Santo y al Nombre de Jesús.

Efectos de los problemas espirituales

Podríamos decir que es difícil separar las causas y los efectos en los problemas humanos. Las definiciones a menudo son circulares, ya que lo que se considera un 'efecto' puede también causar otros problemas. Ejemplos de esto son el pecado, las aberraciones debidas al legalismo, el ascetismo, el ritualismo religioso, el dogmatismo, las interpretaciones de herejías y las distorsiones en el pensar, sentir y actuar. La suficiencia propia, el narcisismo, el orgullo, la vanagloria, los deseos desordenados, el alejamiento de Dios y demás vestigios, son los que producen los trastornos emocionales. Estas influencias afectan a los problemas emocionales y espirituales de las personas en cuanto a su cantidad, calidad, intensidad, duración y consecuencias. Esto explica porqué a veces se hace más difícil trabajar con una persona que lleva años en la iglesia, que con uno que es relativamente un nuevo convertido. El nuevo creyente todavía no ha sido intoxicado por conceptos religiosos, lo cual facilita el proceso de enseñanza. He visto muchas mujeres perder sus esposos porque el legalismo las transformó en mujeres descuidadas físicamente, lo cual hizo que sus esposos perdieran su interés en ellas.

Construir un hogar balanceado, lleno de amor y comprensión, no se logra de la noche a la mañana. Se requiere de esfuerzo, instrucción y mucha disciplina para lograrlo.

Teología pobre y desbalanceada

El desconocer la Palabra de Dios y vivir una vida desordenada traerá consecuencias fatales en la vida de cualquier persona. La realidad diaria de vivir bajo el estrés del trabajo, los afanes cotidianos, los malos hábitos que a veces arrastramos de nuestros familiares, la falta de socialización, las experiencias adversas y el alejamiento de Dios, de su Palabra y de su voluntad, terminan afectando negativamente el funcionamiento de una vida de éxito y de logros. Esto nos lleva a adoptar conceptos erróneos, mágicos y manipulativos, como lo es el pensar que Dios permite que el dolor exista o que un hijo se enferme. El sentirte abandonada por Dios es el resultado de una mala percepción. La expectativa acerca de milagros continuos hace que, en muchos casos, fallemos en nuestra responsabilidad humana de tomar buenas decisiones. Recuerda mujer, construir un hogar balanceado, lleno de amor y comprensión, no se logra de la noche a la mañana. Se requiere de esfuerzo, instrucción y mucha disciplina para lograrlo.

Rehúsa vivir una vida espiritual pobre y desbalanceada

Cuando se viven vidas desbalanceadas, ocurren fallas en la comunión y relación con Dios y se vive con ansiedad, miedo y terror más que con amor y paz. Es aquí donde las actitudes negativas se desarrollan, lo cual produce una vida sin esperanza, sin fe y sin entereza moral. La falta de libertad a causa de legalismos y de percepciones de un Dios castigador, inspira a la falta de seguridad y de paz. Muchas condiciones neuróticas se desarrollan a consecuencia de tales filosofías o creencias al pensar que todo es pecado y que todo es malo.

Esto crea sentimientos de inseguridad, miedo a la separación y al castigo por seres humanos imperfectos, ansiedades, obsesiones, compulsiones, histerias, negación de cualquier placer y abandono de cualquier intento de relajamiento o de tranquilidad. La carencia de saber que hemos sido perdonados por Dios hace que muchas personas vivan castigándose a sí mismos sin tregua. Rechaza ser víctima de sistemas que te oprimen y agobian con cargas pesadas que tú no puedes llevar. La Palabra de Dios nos enseña que *"el espíritu triste seca los huesos"* (Proverbios 17:22). Rehúsa vivir entristecida. Dios creó el mundo para ti y tu familia. Toda creación de Dios es hermosa, disfrútala. Observa la naturaleza, mira los pajarillos cómo vuelan, escucha el fluir de las olas del mar. Lo que tú tienes te lo regaló Dios para que lo disfrutes; eso incluye a tu pareja.

Efectos psicológicos

La carencia de madurez espiritual, la falta de nutrición espiritual y de comunión con Dios, la ausencia de paz y de dominio propio en el manejo del estrés de la vida, pueden dar como resultado la manifestación de trastornos psicológicos.

Problemas en la autoestima

La negación del ser, la percepción propia negativa, la ira sin resolver o introvertida y la frustración consigo mismo, pueden ser aspectos psicológicos de una teología pobre y de una vida sin realización espiritual. La autoestima sufre a causa de la falta del sentido de pertenencia, de valor adecuado y de competencia espiritual.

La ansiedad

La ansiedad puede estar relacionada con el miedo a la separación. El pecado hace distinción entre la persona y Dios.

Este también pone barreras en la percepción propia y en la comunión con Dios. La percepción de estar alejados de la perfección demandada, de la altura deseada y del desarrollo o madurez esperados, pueden conducir a una angustia existencial, a la culpabilidad neurótica o a la manifestación de carencia de control personal y de predicción del grado de aceptación ante Dios. La ansiedad también puede estar relacionada con la influencia por parte de padres que han sido rígidos en su manera de ser y actuar, con autoritarismo y castigos que no necesariamente correspondieron a la imagen de un Dios de paz, amor, paciencia, bondad o benignidad.

La depresión

La falta de estar centrado en Dios y en su voluntad y la desconfianza de su diseño, pueden llevar a la persona a experimentar sentimientos de lástima hacia sí misma. El almacenaje de la ira sin resolver, la falta de perdón y las ansias sofocadas o reprimidas de desquite, pueden producir una internalización de enojo hacia sí mismo con resultados depresivos. La limitación de la percepción, la falta de fe, la pérdida de paz y seguridad, hacen que la contemplación del futuro sea incierta y no deseada. La percepción de las consecuencias del pecado, aun cuando se disfrute del pecado en el momento de cometerlo, actúa como supresor del gozo y de la expresión de una sana alegría.

Desórdenes en el desarrollo del ser y su historia

Es indudable que los efectos acumulados por generaciones de personas sujetas a una conducta pecaminosa, de fragilidad, con equivocaciones y desvaríos, ocasionen que la socialización de dichas personas sea infringida y, por consiguiente, aberrante en sus relaciones humanas. Las impresiones tempranas, los refuerzos y castigos suministrados de manera indebida, la falta de constancia y de seguridad, la falta de manifestación de amor unilateral e incondicional por parte de padres poco entendidos y funcionales, aportan a su colaboración negativa y traen consecuencias psicológicas serias en el desarrollo del ser y su patología.

Causantes de la depresión en la mujer

La depresión ocurre con menos frecuencia entre los hombres y, al parecer, bien se orienta más en forma de crisis. En otras palabras, los hombres quedan deprimidos por problemas específicos, tales como un fracaso en los negocios o una enfermedad. Sin embargo, sufren con menos frecuencia el sentimiento de desánimo o abatimiento generalizado e indefinible que con mucha frecuencia se halla en las mujeres. Incluso, para las que son principalmente vulnerables a la depresión, un día nublado puede ser suficiente como para dar lugar a un descenso físico y emocional.

¿Qué quejas o irritantes específicos suelen tener las mujeres deprimidas? Un cuestionario titulado Fuentes de la depresión en las mujeres, realizado a más de 10,000 mujeres por el Doctor James Dobson, mostró que más del 50% de un grupo inicial, marcó la autoestima baja por encima de cualquier otra alternativa en la lista. El 80% lo colocaron entre los cinco primeros. Incluso las mujeres jóvenes, casadas satisfactoriamente, presentaron dudas sobre sí mismas y profundas cicatrices. La falta de confianza ha pasado a ser el modo de vida de millones de mujeres norteamericanas.

Los seres humanos, especialmente las mujeres, toleran mucha tensión y presión. Esto se empeora si tienen a otra persona cerca que no sabe por lo que ella está pasando. Esto suele llamarse 'comprensión' y es aplicable a las amas de casa. Las dificultades de criar varios niños pequeños y cumplir los deberes domésticos serán más llevaderas si ella sabe que su compañero se hace cargo y simpatiza o valoriza el trabajo que ella hace. Incluso si su marido no puede ayudarla mucho, pero demuestra que aprecia lo que ella hace hoy, eso le será de ayuda mañana. Lo que suele ocurrir es lo opuesto. Son muchos los maridos que llegan a casa y preguntan: *¿Qué hiciste en todo el día, querida?* La pregunta lleva implicada la insinuación de que el marido cree que la mujer estuvo acostada en el sofá, mirando la televisión y bebiendo tazas de café todo el día. La esposa, en vez de contestar, es posible que sienta calambres en las palmas de las manos y tentaciones de estrangular al marido.

Todos necesitamos ser respetados por la forma en que cumplimos nuestras responsabilidades. Los maridos consiguen esto mediante ascensos, aumentos de sueldo, evaluaciones anuales o alabanzas incidentales. La mujer debe recibir del marido respeto, aunque no siempre lo consigue. Las esposas más infelices son aquellas cuyos maridos no saben explicarse por qué están tan cansadas. Los maridos y esposas deben estar en guardia constantemente para no cargarse excesivamente de compromisos. Aunque aparenten ser actividades provechosas y placenteras, cuando éstas consumen hasta la última gota de energía o los pocos momentos libres que hay en el día, se vuelven peligrosas. Toda persona tiene necesidad de tener tiempo libre, sin hacer nada, como en los tiempos de antaño, tiempo para pensar o para hacerse el vago. Sin embargo, ahora el hombre curiosea por el garaje y la esposa vuelve a poner en orden la gaveta de su cómoda. Es necesario frenar la marcha, ir a un paso más lento. Hay que aprender a decir *'no'* con gracia, pero de modo decisivo, a las mil y una solicitaciones que nos hacen para que hagamos cosas innecesarias. Frente a cada actividad, es necesario que nos hagamos estas tres preguntas: *¿Es digno el tiempo que nos ocupará? ¿Qué tendré que eliminar si añado esto? ¿Qué impacto va a producir esta actividad en nuestra calidad de vida familiar?*

Factores que contribuyen a la depresión en las familias

La depresión ocurre cuando las personas del clan familiar no tienen claro ni definido su rol. La salvación en la iglesia primitiva era por familias: El carcelero, Cornelio, Lidia y sus familias, todos vinieron a los pies de Cristo. El Evangelio, la sociedad y la iglesia están compuestos por familias, no por individuos. La depresión también ocurre por factores socio-económicos: trabajo, escuela, casas, carros, educación, política, iglesia, mudanza, etc. Ésta ocurre a causa de dinámicas en la familia que son nocivas, tales como la falta de empatía (la habilidad de ver y sentir a través de otros), de flexibilidad (la habilidad de ceder), de asertividad (la habilidad de decir la verdad en amor) y de comunicación (la habilidad de hablar y escuchar por igual). La depresión ocurre también por no tener claro los procesos familiares de diferenciación, individualización, autonomía y mutualidad.

Depresión en nuestros tiempos

Nuestra cultura hace un énfasis muy grande en que la gente tenga éxito en la vida. Cuando uno no tiene la oportunidad de tener éxito, entonces crece la diferencia entre las expectativas y los logros. Esto trae como consecuencia la desilusión y la pérdida de un sueño. Estamos en el tiempo de la edad, la ansiedad y la melancolía, donde la depresión se hace más y más latente. La tristeza, el descontento, el pesimismo y la falta de esperanza nos toman a todos de vez en cuando. Estas se llaman depresiones normales. Son cortas y limitadas. Sin embargo, hay otras, las psicóticas por ejemplo, que hacen que las personas se vuelvan anormales y pierdan el contacto con la realidad, sin poder cuidar de sí mismos. Millones de personas son diagnosticadas anualmente con este desorden debilitante.

Si le damos rienda suelta a la depresión, ésta atrapará nuestras emociones y logrará paralizarnos.

¿Cómo te gustaría que te recordaran?

Es difícil complacer a todo el mundo en sus gustos y preferencias. El mundo en que vivimos actualmente es muy demandante. El tiempo sobre todo, en nuestra sociedad, es algo vital que influencia nuestro estado de ánimo. A veces nos ponemos expectativas muy altas, creyendo que las alcanzaremos en un periodo de tiempo irracional. Muchas veces vivimos para complacer a los que nos rodean, olvidándonos de nosotros mismos. Cuando entramos a la realidad de nuestro diario vivir, de lo que realmente nos llena y de lo que nos gustaría lograr, nos encontramos muy lejos del modelo mental. Aunque quisiéramos estar muy lejos de la depresión, en ciertos momentos de la vida, ésta nos ataca. Ese sentimiento funciona como grandes garras que se apoderan de nuestras emociones y nos alejan del mundo que nos rodea. Si le damos rienda suelta a la depresión, ésta atrapará nuestras emociones y logrará paralizarnos. Si no nos proponemos liberarnos de este sentimiento a tiempo, éste puede traer daños irreparables.

Recuerdo que tiempo después de que mi esposo Noel y yo empezáramos nuestro noviazgo, nos llegó una crisis que atacó a mi esposo en forma más fuerte, ya que tenía que ver con él directamente. Nos queríamos casar, pero no teníamos los recursos económicos necesarios para hacerlo. Ambos éramos estudiantes universitarios y solo trabajábamos tiempo parcial. Esto a penas nos alcanzaba para pagar los gastos de transportación y supervivencia. En una ocasión, pasaron varios días sin que nos comunicáramos y su hermano me llamó para decirme que Noel no se sentía bien y que necesitaba verme. Me fue a buscar a la universidad y lo acompañé a ver a mi novio a la casa de su abuela. En ese entonces, la palabra *depresión* no era popular en nuestro vocabulario, así que yo no tenía idea de lo que a él le estaba pasando. Lo convencí que me acompañara y saliera del encierro donde estaba, lo cual dio resultados muy positivos. Estar alejados del mundo que nos rodea no es bueno. Dios no nos creó para que viviéramos aislados. Somos seres gregarios, por eso necesitamos a la gente que tenemos alrededor. Salir y socializar nos ayudó para que, a través del diálogo y la compañía de otros, pudiéramos juntos buscar soluciones a su desánimo y falta de esperanza. Desde entonces, juntos hemos experimentado situaciones de todo tipo.

Después de varios años de ser pastores, la consejería se hace vital para poder ayudar a tantas personas que la necesitan. Ahora más que nunca, se nos presentan retos a nivel ministerial que constantemente nos llevan a dar palabras de ánimo y consuelo a muchas personas. Nos preparamos para muchas cosas, pero casi nunca para las situaciones difíciles que a veces tocan a nuestra puerta. En muchas ocasiones, aun nuestras experiencias personales nos ayudan a animar a otros. El trabajo pastoral hace grandes demandas y nos exige al punto que no podemos dar lo que no tenemos. Es en esta posición de pastores y consejeros donde nos vemos obligados a tener empatía con el dolor humano. De nuestra parte se requiere el conocimiento necesario para lidiar con individuos, parejas matrimoniales, jóvenes, adultos y personas que enfrentan problemas de todo tipo, incluyendo la depresión. Cuando uno no ha experimentado en su vida personal situaciones como estas, a veces se hace difícil entender a los demás.

Yo quiero ser recordada como una mujer de Dios que tiene compasión y que busca soluciones a las necesidades humanas. Este mundo sería muy desabrido si no hubiera personas compasivas que miraran a través de los ojos de Jesús. Quiero ser recordada por mis hijos como una mujer de principios y valores. Ahora que soy abuela, quiero que mis nietos reciban la mejor herencia. Por eso he aprendido a romper patrones de conducta. Estoy declarando que somos la red apostólica más fructífera y productiva en Nueva Jersey, que somos la iglesia donde expandimos el Reino de Cristo y levantamos al caído. Para gozar de la plenitud de la gracia y de la gloria de Dios, se requiere una metamorfosis de alma, cuerpo y espíritu. Yo estoy declarando que soy una mujer de propósito y destino y que toda mi generación será bendecida y prosperada. ¿Puedes tu hacer lo mismo? No hay cosa que toque más el corazón de Dios que una persona que se proponga ser libre. Comienza a declarar que hay poder en la sangre de Cristo, que eres libre del alcoholismo, de la drogadicción, de la pornografía, de la bulimia, de la anorexia, del adulterio, de la fornicación, de toda obra de la carne y de todo recuerdo del pasado. Decide consagrarte, separarte y santificarte para Dios. Tú no lo harás sola. El Espíritu Santo de Dios te dará la fuerza, la voluntad y la fortaleza que necesitas para vencer toda tentación.

¿Qué estás escuchando?

Hay muchas voces que tenemos que dejar de escuchar. La influencia número uno para nuestros fracasos son las malas amistades y conversaciones que desarrollamos y que no contribuyen nada bueno a nuestro espíritu. Todavía somos una obra que no está terminada, por eso debemos cuidarnos. Si tú quieres ser una cristiana victoriosa, tienes que desarrollar la habilidad de escuchar. Oímos muchas cosas a diario, pero eso no quiere decir que estemos escuchando. Escuchar es poner atención a lo que Dios quiere que hagamos y a donde desea que nos dirijamos. La Biblia dice que el poder de la vida y de la muerte está en la lengua. Existe una pequeña distancia entre lo que escuchamos y lo que hablamos. Si nos acostumbramos a caminar con gente negativa, terminaremos convirtiéndonos en personas negativas. Tus palabras y tu vocabulario determinan el tipo de persona que serás y tarde que temprano determinarán tu ambiente y el progreso que alcanzarás.

Huye de la mediocridad

La palabra *mediocre* viene del latín que significa *llegar a la mitad de la montaña.* Ser mediocre es hacer las cosas a medias. Sin duda alguna, la mediocridad es una actitud del corazón. Algunos cristianos están satisfechos con lo que tienen y no están interesados en alcanzar nada más. Para mí, llegar a ese estado de conformismo es muy peligroso, ya que siempre hay algo más que aprender y disfrutar. Dios nos ha llamado a ser entes sabios e inteligentes. Nuestra capacidad de descubrir cosas nuevas nunca termina. Cuando nos sentamos y nos detenemos en el camino, nos privamos a nosotros mismos de ser mejores personas y de descubrir cosas nuevas. Si tú aceptas ser inferior, estas eligiendo vivir por debajo de tus privilegios como hija de Dios.

Mi esposo dice: *No se convierta en alfombra para que la gente no le pase por encima.* Solo usted puede permitirle a la gente que le falte al respeto o que le pisotee. Dios se complace en darnos sueños. Los sueños nos ayudan a mirar el futuro con optimismo y a tratar de alcanzar nuevas metas. La gente que no se da la oportunidad de soñar, no disfruta de la alegría ni de la emoción de ver los milagros de Dios realizados. Mi suegra siempre me dice: *Pídele a Dios, porque Él sí sabe dar y nos da hasta los antojitos.* Muchas veces no recibimos porque no pedimos. Perdemos la destreza de comunicarle a Dios todas nuestras necesidades, creyendo que Dios nos dará todo lo necesario, sin pedirlo. En mi experiencia con Dios, he aprendido que el niño que no llora, no mama y se queda con hambre. Aprende a hacer oraciones específicas. Tú puedes ser la persona que reciba la promoción en tu trabajo. Debes rechazar la mediocridad, porque ésta se convertirá en una piedra en tu camino. Por supuesto, tu jefe no te dará la promoción sino estas calificada. Esfuérzate y demuestra tus habilidades de superación.

III

El propósito y el poder de la mujer

Salga de su rutina y siga adelante con su vida.

"El Señor está cerca de los quebrantados de corazón,
y salva a los de espíritu abatido."
(Salmos 34:18 NVI)

Dignidad e igualdad de la mujer en Dios

La mujer fue diseñada por Dios. Sin embargo, desde que entró el pecado en el mundo, el diablo ha querido aplastarla. Cuando Cristo vino al mundo, lo hizo para dignificarla, para devolverle su valor y su autoestima y para hacerla digna de merecer. La mentira más grande que el diablo puede decirte es que no eres digna de merecer. Usualmente te lo dice a través de la tradición, la cultura, la sociedad, los dogmas, las restricciones eclesiásticas y las organizaciones. La mujer acepta la idea de que ella no es digna porque ignora lo que realmente es en Dios.

Cristo apareció en la humanidad e hizo dos cosas a favor de la mujer: Nació de una mujer y levantó, sanó y restauró a muchas mujeres. Mujer, debes tener en claro que Dios tomó de Su naturaleza y la puso en ti para hacerte única. No hay ningún otro ser humano idéntico a ti. Tú eres especial y única.

Dios te dio tres cosas: la voluntad propia (la firmeza del alma, la libertad para escoger, el ánimo de hacer las cosas y la fuerza para levantarse en caso de que caigas), las emociones (los sentimientos del alma que son tan necesarios para todas las áreas en donde la mujer se desarrolla) y la determinación (la osadía y el valor). 2 Corintios 4:6-9 dice que fuiste creada para glorificar su nombre. Dios te creó para que te valores por tu origen y puso en ti una proyección de éxito. Tal vez se te haga un tanto difícil digerir todos estos conceptos de una sola vez, pero te recomiendo que te abandones en los brazos de Jesús y comenzarás a disfrutar de una completa paz interior. Para que puedas ubicarte en el propósito de Dios en tu vida, debes cumplir con ciertos requisitos.

Aceptación de quién eres

Saber quién eres te llevará a elevarte a esa aceptación. Tú eres una mujer digna y esa dignidad te provoca respeto hacia ti misma. Dios, el Creador por excelencia, te creó a su imagen y semejanza. Si alguien tiene derecho a opinar acerca de ti, sería Dios mismo, ya que solo Él sabe cómo y por qué te hizo. Como todo un caballero, después de haber creado a la mujer de la costilla de Adán, Dios se la entregó. No me cabe ninguna duda que Dios tomó de su delicadeza, ternura y amor para crear a la primera mujer del universo que fue Eva. Dios se tomó su tiempo, te hizo como Él quiso y te hizo a su manera. Nadie le dio sugerencias de cómo y por qué hacerte. Él no necesitó opinión alguna para crearte.

Dios puso en ti todo lo necesario para que cumplas con tu propósito. No te compares con nadie. Tú eres única.

Igualdad

La igualdad es la relación entre dos cosas o personas semejantes la una con la otra. La Biblia nos dice en Génesis 2:22: *"Y de la costilla que Jehová Dios tomó del hombre, hizo una mujer, y la trajo al hombre"*. Dios sacó a la mujer de la costilla del hombre para que la considerara parte de él. Dios sabía que el hombre iba a querer gobernar a la mujer por vía equivocada, por eso, con toda la sabiduría, Él la extrajo de sí mismo para que el hombre la valorara como parte suya. A pesar de que la mujer fue formada de una costilla, ella fue diseñada y creada por Dios. Dios le dice al hombre, de diferentes maneras, que ame lo que salió de él, que no dañe, humille, ultraje, lastime o utilice lo que salió de él para su propio beneficio. Sin embargo, Él también le dice a la mujer que ese hombre que está al lado suyo es parte suya, por lo tanto, ella lo debe valorar, amar y respetar. Mujer, tú puedes llegar al corazón de ese hombre si usas correctamente las armas que Dios te dio. Tú puedes llegar lejos, alcanzar grandes cosas y hacer que ese hombre llegue a obtener logros gigantes si sabes quién eres en Dios y si logras hacerle saber a él que eres parte de él y que son un equipo. Él salió de Dios y tú saliste de él. En el Salmo 139:16, la Palabra de Dios dice: *"Mi embrión vieron tus ojos, y en tu libro estaban escritas todas aquellas cosas que fueron luego formadas, sin faltar una de ellas"*. Tú eres creación de Dios y Él te hizo con dignidad e igualdad. Dios puso en ti todo lo necesario para que cumplas con tu propósito. No te compares con nadie. Tú eres única.

Dios te dio regalos

Dios te dio habilidades. Tu personalidad (lo que te hace ser única, pero debes aceptarte tal como eres), destreza (para que emprendas cosas sin temor) y desarrollo (para que demuestres lo que Él te ha dado de una manera única) han venido de la mano de aquel que te formó. Para lograr cumplir con tu propósito, debes estar dispuesta a cambiar, a mejorar y a empezar de nuevo con todo lo que hayas aprendido, practicado y comprometido con Dios. Si Dios te enseña algo nuevo, no es en vano. Cruza las barreras y obstáculos que se presentan para ti. Entra en lo que Dios ya ha preparado para ti. Si quieres mejorar, tienes que cambiar todo aquello que está a tu alrededor y que no contribuye a tu crecimiento y madurez. Debes hacer el esfuerzo y sacrificio para que obtengas tu victoria.

Hay amistades que no te edifican, te levantan, ni te ayudan, sino que te estorban en tu vida. Rodéate de gente que te inspire, que te anime, que te levante, que contribuya a tus mejoras como mujer y como persona. Rodéate de gente que viva en la Palabra, que crea lo que la Palabra dice a cerca de lo que tú eres en Dios y que te celebre. Recuerda que eres una creación de Dios y que todo lo que nos rodee llegará a ser como una semilla a nuestra vida que, a su tiempo, dará fruto. Si te alimentas constantemente de la Palabra de Dios, reconocerás que Él te creo con dignidad e igualdad y caminarás en eso. El lugar de igualdad y dignidad que Dios te ha dado, te recuerda que fuiste creada según Dios para tener éxito en tu vida, sin importar tu lugar de nacimiento ni tu condición social. Dios te ve como una vencedora muy valiosa, porque Él te hizo para gloria de su Nombre.

La mujer es dadora de vida

"Te alabaré; porque formidables, y maravillosas son tus obras; Estoy maravillado y mi alma lo sabe muy bien" (Salmos 139:14). Hablando con varias personas, observé que muchas opinaban bastante similar acerca de lo que la vida significa para ellos. Una de ellas dijo: *La vida es un don de Dios que nos da a*

cada uno de nosotros. Vivir es existir, nacer, crecer, reproducirse y morir; es amor, perdón y reconciliación; es ayudar al necesitado; es conocer las cosas buenas y malas de la vida misma y conocer la diferencia. La vida es alegría, los niños, la familia y los dones que Dios nos ha regalado a cada uno de nosotros. Vivir es amar a tus semejantes como a ti mismo, es hacer el bien sin ver a quien se lo haces. La vida es Dios. Otra persona dijo: *Para mí, la vida es la oportunidad de ser mejores personas cada día. Al levantarme cada día, me encomiendo a Dios para que me dé el valor de cambiar las cosas que puedo cambiar, la tolerancia necesaria para aceptar las que no puedo cambiar y la sabiduría para poder distinguirlas. Cada día de esta vida me reta a ser mejor. La vida es una escuela enorme, en la que aprendes un sinnúmero de cosas y donde puedes disfrutar de todas aquellas cosas hermosas que te ofrece. La vida es maravillosa, pero también es dura. Así es que, como dicen algunas personas, si tu vida es agria como un limón, sólo agrégale agua y azúcar y haz de ella una limonada.*

Hay dos maneras de vivir: Estar viva pero destruida sentimentalmente (lo cual es igual a no tener vida) o vivir disfrutando de la familia, amigos, amor, alegría, esfuerzo, educación y rebeldía (las dos cosas a la vez). Vivir la vida en plenitud es el don más grande que Dios nos ha dado, es el proceso de momentos que hemos vivido o que viviremos a lo largo de los años. Por eso, debemos estar continuamente agradecidos con Dios. Es raro que a veces tenemos momentos buenos como también momentos muy malos, pero así lo quiere Dios.

Cuando Dios creó a la mujer, la creó pensando en que ella sería capaz de cargar vida dentro de su vientre. Tú y yo somos portadoras de vida. Cuando la mujer comienza el periodo de gestación, su vientre se vuelve capaz de cuidar y proteger a ese bebé dentro de su útero y de parirlo al final de su término. Las capacidades de la mujer son extraordinarias. Fuimos diseñadas con la capacidad de gestar, concebir y llevar ese bebe en el vientre hasta los nueve meses. Que maravilloso don es aquel de poder traer una nueva vida al mundo. El diseño de Dios para la mujer como dadora de vida, va más allá de sus habilidades físicas. Este impregna toda su formación como mujer. La mujer fue hecha para concebir, desarrollar y dar nueva vida o incubar dentro de ella misma todo lo que ella recibe. Génesis 3:20 dice: *"Y llamó Adán el nombre de su mujer, Eva, por cuanto ella era madre de todos los vivientes"*. El nombre *Eva* en Hebreo es *Chavvah,* que significa *dadora de vida.* A la mujer le fue dada la habilidad de recibir la semilla del hombre y de reproducir su misma especie. He aquí las responsabilidades poderosas que Dios le da a la mujer.

La mujer enfoca todo su ser en crear vida

Durante el embarazo, ocurren cambios físicos extraordinarios en el cuerpo de la mujer, causando una completa transformación. El tejido del vientre se hace más grueso para poder crear un medio ambiente seguro, a fin de que esa nueva vida esté guardada, protegida y caliente. Aún los niveles de hormonas cambian para prevenir un posible aborto, la química de su cerebro se altera, sus nutrientes son dirigidos primeramente al bebé y su centro de gravedad cambia para que pueda tener equilibrio y compartir su cuerpo con el bebé. ¡Qué balance tan maravilloso existe en el cuerpo de la mujer, que este no pierde su funcionamiento a pesar de tantos cambios! El embarazo es una de las etapas más maravillosas en la vida de una mujer. Puedo recordar cómo disfruté de mis dos embarazos. Tengo una niña y un varón. ¡Qué grande regalo de Dios es poder concebir una criatura producto del amor de la pareja y poder guardar en nuestro vientre por meses a ese pequeño ser que traeremos al mundo!

La mujer le da vida a las cosas

Dios hizo a la mujer para ser dadora de vida. Así, en cualquier momento que se necesite algo, ella lo podrá producir. Algunos hombres, cuando viven solos, usan colores opacos para su vivienda. Sin embargo, cuando llega una mujer, ella cambia todos los colores, pone cortinas, arregla los muebles y le trae vida al panorama, convirtiendo ese lugar en un hogar maravilloso. Damas, si sus esposos no han podido proveerles un castillo, transformen lo que tienen, denle vida. Cuando hagan eso, su casa se convertirá en un hogar. Creo que Dios está tratando de decirnos que Él está buscando vientres de mujeres hoy, que quieran convertirse en recipientes de su gloria. Él quiere hacer un depósito en ti, para que ya no seas más estéril. Él desea convertirte en la próxima pastora, profeta, apóstol, evangelista o mujer de negocios de esta época, capaz de cargar su gloria a tu familia, a tu barrio, a tu ciudad e incluso a las naciones.

La mujer es una incubadora

Desde que Dios creó la habilidad de gestar en la mujer, esta habilidad impregna todas las áreas de su vida. Ella tiene un vientre físico, pero también uno emocional, mental y espiritual. Todo acerca de la mujer es un vientre. Lo que recibe dentro de ella, lo nutre hasta que lo madura y luego lo regresa en una forma completamente desarrollada. Su vientre está preparado para recibir el esperma del hombre, el cual fecunda el óvulo, unión que generará la vida humana. Lo que comienza con la fecundación de un óvulo, culmina con el nacimiento de un hermoso bebé humano, completamente formado. De forma similar, la mujer toma de la gente y del medio ambiente que le rodea, especialmente de su esposo si es casada, y crea algo nuevo con aquello que tomó. Todo regresa al propósito y al diseño de Dios. La mujer es una receptora por naturaleza. Es por eso que ella puede recibir la semilla del hombre, a fin de crear una vida humana. Un vientre nunca te va a regresar lo mismo que recibió. Éste siempre tomará lo que se le ha dado y lo multiplicará. Si se le da una esperma a una mujer, ella dará un bebé; si le das una casa, ella dará un hogar; si le das víveres, ella te hará una rica comida; si le das una sonrisa, ella te dará su corazón. Su trabajo es multiplicar todo lo que se le da.

El primer propósito de la naturaleza receptora de la mujer es recibir amor. Este es vital para que ella pueda sentirse realizada y plena.

La mujer es reflectora

La razón principal por la cual la mujer fue creada es para recibir amor. El primer propósito de la mujer como reflectora es ser objeto del amor del hombre para así poder reflejar el amor que él le da. Cuando Dios creó a la mujer de la costilla del hombre, fue para que él pudiera tener a alguien a quien amar que fuera de su propia naturaleza. Fue el amor lo que hizo posible la existencia de la mujer. El hombre debe amar a la mujer porque ella fue sacada de él y es una parte de él. Si él no la amara, sería el equivalente a odiarse a sí mismo. Cuando el hombre trata bien a su mujer, con todos los atributos que se encuentran en Corintios 13, se está tratando bien a sí mismo. El hombre fue creado para que fuera dador de amor y la mujer para que fuera receptora de ese amor.

El primer propósito de la naturaleza receptora de la mujer es recibir amor. Lo que esto significa es que Dios diseñó a la mujer para funcionar en amor. El amor es ese combustible que hace que ella funcione para lo que fue creada. Este es vital para que ella pueda sentirse realizada y plena. En Efesios 5:25, 28 y 33, el apóstol Pablo dijo: "*Maridos, amad a vuestras mujeres, así como Cristo amó a la iglesia, y se entregó a sí mismo por ella... Así también los maridos deben amar a sus mujeres como a sus mismos cuerpos. El que ama a su mujer, a sí mismo se ama... Por lo demás, cada uno de vosotros ame también a su mujer como a sí mismo; y la mujer respete a su marido*". Es interesante ver que a través de la Biblia, Dios no le indica a la mujer que debe amar a su marido. A la mujer se le instruye y se le indica que se someta a él, que lo respete y que lo honre. Sin embargo, la Palabra de Dios le ordena al hombre, una y otra vez, que ame a su mujer.

En la caída del hombre, ocurrió un daño al amor natural que Dios le había dado a él por la mujer, de tal manera que el hombre quiso gobernar la mujer en lugar de amarla como a sí mismo. Por esta razón, a medida que el hombre es restaurado al diseño original de Dios por medio de la redención en Cristo Jesús, él necesita ser instruido para amar a la mujer. De la misma manera, la mujer necesita ser instruida para respetar al hombre, ya que esto también fue destruido a causa de la caída. Esto quiere decir que, cuando los propósitos de Dios son restaurados, la paz se establece entre los hombres y las mujeres. Sin embargo, cuando se permite que la naturaleza caída reine, habrá discordia.

Cuando una persona no se siente amada o tiene falta de amor, ella no lo puede reflejar. Cuando la mujer es amada, ella se siente capaz de vivir una vida de gozo y de paz, aun en medio de circunstancias difíciles. Cuando ella no se siente amada, es como si tuviera una carga o un peso en su corazón. Cualquier hombre que viole la necesidad de la mujer de ser amada, estará abusando y mal usando el propósito de Dios para la mujer. Colosenses 3:19 dice: "*Maridos, amad a vuestras mujeres, y no seáis ásperos con ellas*".

La mujer necesita afecto

Las mujeres necesitan recibir el amor expresado a través de palabras y gestos de afecto. Los hombres, por lo general, son lógicos e indiferentes a las emociones en la forma en que ven la vida y tienen la tendencia a tratar a las mujeres de la misma manera. Aquí surge un pequeño conflicto: Las mujeres han sido diseñadas de otra manera. Ellas interpretan el acercamiento lógico de un hombre como frialdad. La clave está en que ambas partes aprendan las maneras en que a ambos les gusta recibir amor. El hombre necesita aprender cómo las mujeres, en general, reconocen el amor y necesita aprender cómo su esposa, en particular, reconoce el amor. Por ejemplo, un hombre se para delante de un ministro el día de su casamiento y delante de todos los testigos le dice a su esposa: *Te amo y te voy a cuidar y respetar hasta que la muerte nos separe*. Pasan dos meses y su esposa le pregunta: *¿Todavía me amas?* Y él le contesta: *Hace dos meses te lo dije*. Pasan dos años y ella vuelve a preguntarle: *¿Todavía me amas? Te lo dije hace dos años,* él le contesta. Ahora han pasado diez años y ella vuelve a decirle: *Han pasado diez años y tú no me has dicho que me amas.* Él le contesta: *Hace diez años te lo dije y eso se aplica hasta el día de hoy*. Además le dice: *Yo te voy a dejar saber si algún día cambio de opinión*. Eso no es afecto. Eso es ignorancia.

La mujer necesita escuchar a su esposo expresar esto continuamente. Muchas mujeres dicen que el recibir de sus esposos flores, notas, etc., es lo que les comunica su amor hacia ellas. No importa cuán costoso sea el detalle, lo que marca la diferencia es el pensamiento que está detrás de él y la consistencia al recibirlo. Muchos hombres creen que están expresando su amor adecuadamente a sus esposas al proveerles las cosas básicas de la vida como comida, ropa y vivienda o por medio de darles cosas caras como joyas, aparatos eléctricos, automóviles, etc. Ciertamente, muchos hombres dan regalos según su motivación de amor. Sin embargo, el hecho de dar cosas materiales no es la esencia del amor.

Una mujer debe ser amada, tal como Cristo amó a Su iglesia

"Maridos, amad a vuestras mujeres, así como Cristo amó a la iglesia, y se entregó a sí mismo por ella, para santificarla, habiéndola purificado en el lavamiento del agua por la palabra, a fin de presentársela a sí mismo, una iglesia gloriosa, que no tuviese mancha ni arruga ni cosa semejante, sino que fuese santa y sin mancha" (Efesios 5:25-27). Si un hombre va a amar a su esposa, él tiene que hacerse amigo de Cristo Jesús. La clave es conocer cómo Cristo amó a su iglesia. Él se dio a sí mismo por ella, para santificarla. Cuando tú santificas algo, lo separas de todo lo demás, lo pones en lugar aparte, en lugar especial, lo cuidas cada día y lo valoras como algo de precio. Santificar algo significa que tú no permites que nada que pudiera lastimarlo o destruirlo se le acerque, que lo has separado para un uso especial. Ésto significa que tú no lo prestas a nadie, ni que está disponible para entretener a otras personas. 1 Pedro 3:7 dice: *"Vosotros, maridos, igualmente, vivid con ellas sabiamente, dando honor a la mujer como a vaso más frágil, y como a coherederas de la gracia de la vida, para que vuestras oraciones no tengan estorbo".* Cuando un hombre ama a su mujer, él verdaderamente la considera hasta lo máximo. Los hombres necesitan recordar que las mujeres que están bajo su autoridad o supervisión, necesitan ser tratadas con consideración, para que la naturaleza que Dios les ha dado no se apague.

IV

Efectos hormonales en la mujer

Nadie puede hacerla sentir inferior sin su consentimiento.

"Te alabaré; porque formidables, maravillosas son tus obras; estoy maravillado, y mi alma lo sabe muy bien."
(Salmos 139:14)

El síndrome premenstrual

Por lo menos el 30% de las mujeres de este país experimentan el síndrome premenstrual y no saben qué es lo que le está ocurriendo a su cuerpo. Los síntomas que regularmente caracterizan el síndrome premenstrual incluyen indolencia, irritabilidad, falta de energía, hostilidad, nivel bajo de tolerancia al ruido, autoestima baja, depresión, inseguridad, lívido (impulso sexual) disminuido y una vaga aprensión acerca del futuro. Se ha dicho, con precisión, que las cuatro semanas del ciclo menstrual, pueden caracterizarse con las cuatro estaciones del año. La primera semana después del periodo es la primavera del calendario psicológico. Hay abundancia de estrógenos (hormonas femeninas) descargados en la sangre y el cuerpo se siente rejuvenecido. La segunda semana es verano, cuando todo es fácil. La mujer tiene más confianza en sí misma, hay energía, optimismo, amabilidad, y estimación propia. Esto se relaciona con los altos niveles de estrógenos alcanzados a mitad del ciclo, cuando ocurre la ovulación. La relación entre marido y mujer es excelente y el impulso sexual (potencial para el embarazo) está también en un punto culminante. Luego, los estrógenos descienden rápidamente al prepararse para un nuevo ciclo de menstruación y aparece una segunda hormona llamada progesterona, que reduce el efecto del estrógeno e inicia los síntomas de la tensión premenstrual. Es una fase triste y fría del mes, cuando disminuye la autoestima, aparecen la depresión, el pesimismo, sentimientos de indolencia y embotamiento, la irritabilidad y la agresividad, todo ello aumentado progresivamente hasta alcanzar un máximo antes del flujo menstrual.

Las mujeres difieren mucho en la intensidad con que presentan estos síntomas, pero todas experimentan cierto malestar. Las más vulnerables incluso pueden tener que pasar un día o dos en la cama durante el invierno menstrual, sufriendo calambres y encontrándose en un pésimo estado físico y anímico. Gradualmente, la tensión desciende y reaparece la primavera. Hay pocas mujeres que saben que hay una relación directa entre los niveles de estrógeno (la hormona sexual femenina primaria) y la autoestima. Por ello, ésta fluctúa de modo impredecible durante el ciclo de veintiocho días.

La menstruación

Aprenderemos un poco de lo que ocurre con los niveles hormonales y con el estado de ánimo o humor. En el ciclo menstrual, el nivel más alto de estrógeno ocurre en el tiempo de la ovulación. Este es el período en el cual la mujer experimenta su mayor autoestima. En la segunda parte del ciclo, la progesterona aparece y el estrógeno desciende rápidamente, causando que el estado de humor cambie. Estos cambios psicológicos se hallan en mujeres de todas las clases de culturas y civilizaciones. El efecto del síndrome premenstrual se puede observar clínicamente y ha sido documentado en estadísticas. Los suicidios, homicidios e infanticidios cometidos por mujeres son muchos más altos durante el período menstrual que durante el resto del mes. Alec Coppen y Neil Kessel, en un estudio de 465 mujeres, observaron la irritabilidad y depresión durante la fase premenstrual. Esto se vio que era así con mujeres neuróticas, psicóticas y normales. Del mismo modo, Natalie Sharness halló que la fase premenstrual se asociaba con sentimientos de impotencia, ansiedad, hostilidad y necesidad de cariño. Durante la menstruación, esta tensión e irritabilidad disminuía y la depresión permanecía hasta que aumentaba el estrógeno.

Hay millares de estudios que han mostrado las mismas conclusiones. Es imposible prepararse para la tensión premenstrual, a menos que se sepa lo que se puede esperar, de modo que tienes que empezar haciendo una investigación acerca de tu propio cuerpo. Sugiero que escribas en un diario las variaciones de tres elementos funcionales: tu nivel de energía, tu humor o estado de ánimo general y lo que puedes realizar o cumplir. Has una gráfica a diario con éstos tres datos, por lo menos durante cuatro semanas. Muchas mujeres dicen que hay una pauta que se repite sistemáticamente de mes a mes. Una vez que ciertos patrones se han identificado y comprendido, se pueden tomar pasos para prepararse para los valles y túneles que nos esperan. Cuando inicie el período el síndrome premenstrual, podrás interpretar tus síntomas con precaución y escepticismo. Si puedes recordar que el sentimiento de desesperanza y falta de valor es inducido por una hormona y que no tiene que ver con la realidad, podrás resistir el bajón psicológico más fácilmente. Deberías poder hacerte un discurso cada mes, diciendo: *Aunque me siento inadecuada e inferior, rehúso aceptar este sentimiento. Sé que me sentiré distinta en pocos días y es ridículo que me deje caer así. Mi problema real es físico, no emocional, y pronto va a mejorar.*

Al no haber experimentado nunca la dificultad que pasa la mujer durante este periódo de tiempo, es difícil comprender que todo el mal humor, la actitud irritable y las indirectas y acusaciones procedan de una causa física. Salir de pesca no es la respuesta ideal que un marido le debe dar a los síntomas fisiológicos de su mujer. Es necesario que el marido aprenda a anticipar el síndrome premenstrual, reconociendo los cambios emocionales que probablemente lo acompañarán. La necesidad de la mujer de recibir afecto durante este periódo de tiempo es particularmente importante, aunque ella no esté muy agradable que digamos. Se deben evitar las discusiones sobre dinero y procurar la tranquilidad sobre todo. Existen muchas cosas que el marido puede hacer para aliviar la tensión y para que la atmósfera del hogar no se cargue más. Por ejemplo, él puede comer fuera, llevarse los niños, dejarla descansar, ser cariñoso y afectuoso, hacerle saber que es tan atractiva como siempre y no insistir en gratificación sexual, entendiendo que el deseo de su esposa está en un mínimo. En resumen, el marido debe ser tierno, delicado y amable. Éste es el momento de apoyar a su esposa de todas las formas posibles.

Cómo afecta al matrimonio

Las mujeres casadas son más susceptibles que las solteras. De hecho, la tensión premenstrual se ha llegado a considerar como la causa básica de gran número de divorcios. El sitio web medlineplus.com nos provee los siguientes factores que también contribuyen a los síntomas premenstruales:

* **Parto:** La cantidad de embarazos aumenta la probabilidad de que la mujer experimente los síntomas premenstruales.
* **Edad:** Los síntomas premenstruales son más pronunciados durante los años en que se suelen tener los hijos hasta fines de los treinta.
* **Tensión:** La presión por falta de tiempo y la tensión psicológica contribuyen a los problemas.
* **Régimen alimenticio:** La nutrición pobre es un factor contribuyente, incluyendo el uso excesivo de azúcares refinados y de sal.
* **El ejercicio:** La falta de ejercicios al aire libre, como caminar, ir en bicicleta, nadar, jugar tenis y otras actividades contribuyen a los síntomas premenstruales.

Una buena alimentación es importante para todos, en especial para las mujeres en los años de fecundidad. La comida está directamente relacionada con los síntomas de la tensión premenstrual. Uno de los síntomas más incómodos de la tensión premenstrual es el sentimiento de hinchazón que resulta de un exceso de fluido en el cuerpo. Ésto puede aliviarse con un régimen alimenticio bajo en sal, el cual evita la retención de líquidos, la restricción de hidratos de carbono (azúcares) y el aumento de proteínas. Lograr esto requiere disciplina, pues usualmente aumente el deseo por los dulces, sobre todo por el chocolate. Es necesario aumentar la ingestión de vitamina C y de complejo B, sea en tableta o por medio de alimentos que contengan estas vitaminas. Se ha demostrado que el ejercicio regular contribuye a la salud y al bienestar.

Los niveles de estrógeno están reducidos en el periodo premenstrual y durante la menstruación. Como la estima personal está relacionada con los niveles de estrógeno, en ambas fases se presenta el mismo síntoma. También se ha supuesto que es más probable que las mujeres que experimentan fluctuaciones emocionales severas durante estos períodos experimenten también algún grado de malestar en la menopausia, la cual se presentará en un futuro. El consuelo y la simpatía son una excelente medicina. Prueba tomar una buena dosis de ellas. Las píldoras anticonceptivas están en realidad compuestas de estrógeno y progesterona. Ingerirlas también puede afectar los síntomas. Tu médico te proporcionará más información en cuanto a la píldora que tomes en particular y sus repercusiones emocionales.

La menopausia: El cambio de vida

La menopausia es un cambio normal en la vida de una mujer cuando cesan sus períodos menstruales. Es por eso que algunas personas se refieren a la menopausia como 'el cambio de vida'. Durante la menopausia, el organismo de una mujer comienza lentamente a producir una menor cantidad de las hormonas estrógeno y progesterona. Esto sucede a menudo entre los 45 y 55 años de edad. Se considera que una mujer ha entrado a la menopausia cuando no ha tenido un período por 12 meses seguidos y no existen otras causas para este cambio. Al acercarse a la menopausia, puede tener síntomas de los cambios por los que está pasando su organismo. Muchas mujeres se preguntan si estos cambios son normales, y muchas están confundidas acerca de cómo tratar sus síntomas. Puedes sentirte mejor si aprendes todo lo posible sobre la menopausia y si consultas a tu médico acerca de tu salud y tus síntomas. Si deseas tratar tus síntomas, tu médico puede enseñarte más acerca de tus opciones y puede ayudarte a escoger el mejor tratamiento.

Haciendo frente a la menopausia

Nuestros hijos ya formaron su propio hogar y mi marido y yo viajamos bastante. Sin embargo, últimamente me he sentido demasiado cansada y deprimida, incluso para limpiar la casa o para hacer planes. Algunos días apenas puedo levantarme, me pongo a llorar en la cama y me siento muy mal. Mi marido es paciente en general, pero un día finalmente me dijo que tenía que visitar al médico. Los síntomas que suenan como si hubieras entrado en la fase fisiológica llamada menopausia y el malestar que se produce son causados por el desequilibrio hormonal que acompaña este período. Lo que tienes que hacer es ir a ver un ginecólogo cuando empieces a experimentarlos.

La menopausia es simplemente un período de transición en la vida de la mujer en el cual la capacidad reproductiva se termina y el cuerpo experimenta cambios químicos y fisiológicos asociados con este fin. La menstruación, que empezó alrededor de los doce años de edad, va cesando y hay reajustes hormonales. De un modo específico, los ovarios producen sólo una octava parte del estrógeno que producían antes. Esto afecta no sólo al sistema reproductivo, sino al cuerpo entero y a la psique.

Se considera que aproximadamente el 85% de las mujeres que pasan la menopausia sin trastornos de importancia en su vida diaria, pueden experimentar síntomas de angustia o depresión leves durante un tiempo, pero pueden funcionar y hacer frente a sus responsabilidades. El restante 15% tienen dificultades más serias. Algunas se hallan prácticamente incapacitadas por estos cambios que ocurren dentro. La menopausia fisiológica puede ser expresada en una amplia variedad de síntomas de intensidad variable. A continuación, les comparto una lista de ellos. Sin embargo, esta lista no está completa, debido a que hay otros problemas físicos o emocionales que pueden producir dificultades similares.

Síntomas emocionales

* Depresión extrema sin alivio, quizás durante meses.
* Estima personal baja en extremo, con sentimientos de carencia de valor y de interés en la vida.
* Umbral de tolerancia mínimo a la frustración, lo cual produce irritabilidad, estallidos de mal genio o desbalances emocionales.
* Respuestas emocionales inapropiadas, las cuales causan llanto sin estar triste y depresión en momentos en que todo va bien.
* Poca tolerancia al ruido. Incluso la radio o las respuestas normales de los hijos, pueden ser irritantes. Sensación de oír un timbre en ambos oídos.
* Gran necesidad de afecto y cariño y, si no están disponibles, sospechas del marido.
* Alteración en las pautas del sueño.
* Dificultad para concentrarse y recordar.

Síntomas físicos

El periodo menstrual de todas las mujeres cesa al entrar a la menopausia. Algunas mujeres pueden no tener ningún otro síntoma. Sin embargo, al acercarse a la menopausia, puede que usted tenga:

* Cambios en su período menstrual (cada mes puede variar la frecuencia de los períodos y la cantidad del flujo).
* Sudores nocturnos y problemas para dormir. Estos pueden causar cansancio, estrés o tensión.

* Sangrado anormal y manchas. Estas son comunes al acercarse a la menopausia. Sin embargo, si sus períodos han cesado por 12 meses seguidos y sigue teniendo manchas, debería informar a su médico sobre este síntoma para descartar causas graves, como el cáncer.
* Golpes de calor (sentir calor en la cara, el cuello y el pecho).
* Cambios vaginales. La vagina puede volverse seca y delgada y puede sentir dolor durante el coito y los exámenes vaginales. Puede también padecer más infecciones vaginales.
* Pérdida de grosor en los huesos. Esto puede causar pérdida de estatura y quiebre de huesos (osteoporosis).
* Cambios en el estado de ánimo (como vaivenes de ánimo, depresión e irritabilidad).
* Problemas urinarios (como incontinencia, ardor o dolor al orinar o pérdidas al estornudar, toser o reírse).
* Problemas de concentración o memoria.
* Reducción del lívido (deseo sexual y cambios en la reacción sexual.
* Aumento de peso o incremento en la grasa corporal alrededor de la cintura.
* Pérdida de densidad en el cabello o caída del mismo.
* Trastornos gastrointestinales que afectan la digestión y el apetito.
* Sofoco: Sensación súbita de calor que dura varios segundos en partes distintas del cuerpo.
* Parestesias en manos y pies (sensación de que están dormidas).
* Vértigo
* Estreñimiento

* Temblores
* Sequedad de la piel, a veces en partes localizadas, y falta de elasticidad.
* Dolor en varias articulaciones (neuralgias, mialgias y artralgias).
* Taquicardia (aceleración del pulso) y palpitaciones.
* Dolores de cabeza.
* Ojeras

La edad en la que empieza la menopausia es muy variada. Esta puede ocurrir en cualquier edad adulta, desde los 30 hasta los 50 años de edad. Sin embargo, los 40s suelen ser la edad más corriente. Esta experiencia es temporal, pero inevitable y puede durar unos pocos años. Repito, todo esto tendrá un fin, así como lo que les ocurre a los hombres a la mitad de la vida. Luego vendrá un período más saludable, estable, feliz y plácido. Con frecuencia, después de la menopausia se desarrolla un período en el cual hay más energía y estabilidad.

Lo que puedes hacer para aliviar algunos síntomas

Golpes de calor

Pueden ser causados por un ambiente caluroso, por ingerir alimentos calientes o picantes, alcohol o cafeína y por el estrés. Trata de evitar estas causas desencadenantes. Vístete en capas y ten un ventilador en tu hogar o lugar de trabajo. El ejercicio regular, puede aliviar los golpes de calor y otros síntomas. Consulta con tu médico acerca de tomar un medicamento antidepresivo. Hay evidencias de que éstos pueden ser útiles para algunas mujeres.

Sequedad vaginal

Usa un lubricante vaginal de venta libre. También existen cremas de reemplazo de estrógeno que tu médico puede recetarte. Si tienes manchas o sangrado mientras usas cremas de estrógeno, deberás visitar a tu médico.

Problemas para dormir

Una de las mejores maneras de dormir bien por la noche es hacer al menos 30 minutos diarios de actividad física, la mayoría de los días de la semana. Sin embargo, se debe evitar el ejercicio vigoroso demasiado cerca de la hora de dormir. También se debe evitar el consumo de alcohol, cafeína, grandes cantidades de comida y el trabajo justo antes de dormir. Puedes intentar beber algo tibio, como un té de hierbas o leche tibia, antes de dormir. Trata de mantener tu dormitorio a una temperatura cómoda. Evita las siestas durante el día y trata de acostarte a dormir y levantarte a la misma hora todos los días.

Problemas de memoria

Consulta con tu médico acerca de ejercicios mentales que puedas hacer para mejorar tu memoria. Trata de dormir lo suficiente y de hacer actividades físicas.

Vaivenes de ánimo

Consulta con tu médico acerca de ejercicios de relajación que puedes hacer. Consúltale si deberías tomar medicamentos antidepresivos. Existen evidencias de que éstos pueden ser beneficiosos. Considera asistir a un grupo de soporte para mujeres que están pasando por lo mismo que tú u obtener consejería para hablar acerca de tus problemas y temores.

Causas de la menopausia prematura

Las muestras y los síntomas de la menopausia son inequívocos para la mayoría de las mujeres que están entre sus años 40 y 50. La menopausia prematura y sus causas no son un tema común en la actualidad. La razón probable de esto es porque esta condición es muy poco común y sus causas algo misteriosas para la mujer de edad media. Está en el mejor interés de una mujer estar informada acerca de la menopausia prematura, ya que esta podría sucederle a cualquier mujer. Desenmascarar esta condición y estar bien informados sobre sus síntomas y causas posibles, reducirá y hasta cierto punto aliviará el miedo que produce la incertidumbre.

Las muestras y los síntomas de la menopausia prematura son iguales que los de la menopausia natural: Calores, noches de sudor, insomnio, fatiga, dolores de cabeza, irritabilidad del humor, aumento del peso, depresión y palpitaciones de corazón. La etapa de la vida de una mujer antes del inicio de la menopausia natural, es llamada "pre-menopausia." Esta etapa por lo general comienza cuando una mujer está entre la edad de 35 y 40 años. Las mujeres notarán un cambio en sus períodos menstruales, cierta suavidad en su pecho y otros síntomas similares, ya que su nivel de estrógeno disminuye. La menopausia natural generalmente comienza cuando las mujeres entran a los años cincuenta. Hablo por experiencia. Es interesante ir a un paseo con un hombre como chofer y un grupo de mujeres después de los cincuenta años. Les aseguro que volverán al chofer loco con el aire acondicionado y el calentador. Unas tendrán frio, mientras otras se sentirán derretidas del calor. ¡Ay pobrecito el chofer! Ya nos ha pasado.

Cuando una mujer no ha tenido un período menstrual durante un año, ella entra en la etapa post-menopaúsica y los síntomas incómodos desaparecen. Hay una variedad de causas de la menopausia prematura que se define como la cesación total de períodos menstruales y el agotamiento del estrógeno. Si esto sucede mientras que la mujer está en sus años 30 o es aun más joven, la etapa post-menopaúsica puede ser espantosa. En algunos casos, la menopausia prematura puede ser hereditaria. Si tu madre tenía esta condición, tú puedes heredarla con defectos en un cromosoma X. Las mujeres que beben pesadamente en sus años 20 y 30, corren un riesgo más alto para desarrollar una menopausia prematura. Las mujeres alcohólicas causan una interrupción seria en sus niveles hormonales. El alcoholismo es una condición que los médicos evalúan cuando una mujer muestra señales de la menopausia prematura. Las mujeres jóvenes que están siendo tratadas para el cáncer, corren también un riesgo más alto de sufrir la menopausia prematura. No es el cáncer que causa esto, sino las drogas tóxicas de la quimioterapia que dan lugar a la interrupción bioquímica masiva. Cuando se para la quimioterapia, no se puede garantizar que los ciclos hormonales normales de la función y de la menstruación de una mujer volverán.

Los síntomas de la enfermedad temprana de la menopausia y de tiroides son casi exactamente iguales. Un médico hará exámenes para ambas condiciones, de modo que ninguna de estas dos condiciones quede sin ser tratada. Una cosa que ayudará a tu médico a determinar la causa exacta de tus síntomas, es que las muestras de la menopausia prematura son mucho más severas que en la menopausia de edad normal. Finalmente, la menopausia prematura se puede causar por desórdenes auto-inmunes, tales como el SIDA, la fibromialgia, el lupus, y mellitus de la diabetes. Si tú no tienes ninguna de estas condiciones y sufres de los síntomas de la menopausia, sería mucho más seguro consultar con tu médico.

Mantente sana a medida que tu edad avanza

Existen muchas formas de mantenerte sana durante esta etapa de tu vida. Puedes tomar los siguientes consejos:

* Mantente activa y has más ejercicio (por lo menos 30 minutos de ejercicio la mayor parte de los días de la semana). Intenta hacer ejercicios que tu peso pueda soportar, tales como caminar, correr o bailar.

* Si fumas, deja de hacerlo. Pídele ayuda a tu médico. Aliméntate en forma saludable. Consume alimentos como cereales integrados, verduras y frutas. Elije alimentos con bajo contenido graso y de colesterol.
* Consume suficiente calcio para mantener tus huesos fuertes. Antes de la menopausia, tú necesitas consumir unos 1000 miligramos de calcio al día. Después de la menopausia, necesitarás 1500 miligramos al día.
* Elimina tu consumo de alcohol.
* Controla tu peso. Pregúntale a tu médico cuál es el peso saludable para ti.
  Hazte controles en forma regular.
* Habla con tu medico acerca de la salud de tus huesos. Pregúntale si estás consumiendo suficiente calcio y vitamina D. Si eres mayor de 65 años de edad o si tu médico te dice que tienes probabilidades elevadas de padecer osteoporosis, considera un examen de densidad ósea. Consulta si debes tomar medicamentos para preservar tus huesos y aminorar el paso de su deterioro.
* Controla tu presión arterial, tu colesterol y los niveles de azúcar en tu sangre.
* Hazte un examen de senos y una mamografía periódicamente.

V

Libera tu mente y tu familia

"Porque las armas de nuestra milicia no son carnales, sino poderosas en Dios para la destrucción de fortalezas, derribando argumentos y toda altivez que se levanta contra el conocimiento de Dios, y llevando cautivo todo pensamiento a la obediencia a Cristo."
(2 Corintios 10:4-5)

Cómo romper maldiciones generacionales

¿Padeces de alguna enfermedad hereditaria? ¿Consideras que tu carácter es igual al de tus padres? ¿Alguna vez has intentado suicidarte? ¿Tienes arrebatos incontrolables de ira? ¿Te has divorciado alguna vez? ¿Sientes que no has sido feliz? ¿Sientes que, a pesar de tu lucha por salir adelante, tu vida no avanza? ¿Tus padres eran idólatras? ¿Rezaste, oraste o pediste alguna vez a demonios? ¿Tienes o guardas algún objeto de tu pasado? ¿Conforme tus hijos van creciendo, puedes identificar en ellos cosas que a su edad tú también hiciste? Existe un hilo común de circunstancias que van de generación en generación. Tú puedes ser libre de esas maldiciones y obtener bendiciones en su lugar. Al predicar en una cárcel, un pastor hizo las siguientes preguntas: *¿Cuántos de ustedes tuvieron a sus padres o abuelos en prisión? ¿Cuántos de* *ustedes tienen hijos o nietos que se han metido, más de una vez, en problemas con la justicia?* Las respuestas a esas preguntas fueron alarmantes, ya que cerca del 100% de los presos levantaron la mano como respuesta a ambas preguntas, entendiendo que la iniquidad de los padres pasa de una generación a la siguiente. La necesidad de prisiones es cada vez mayor porque aunque el preso salga de la prisión, no cambia. La mayoría de ellos vuelven a caer en ella; y no sólo regresan, sino que la misma iniquidad que los lleva a ellos a la cárcel, hará que sus hijos y nietos terminen en prisión algún día. En otras palabras, de tal palo, tal astilla.

Una familia se define como *un conjunto de personas con el mismo origen o características; un grupo de personas vinculadas entre sí por relaciones de matrimonio, parentesco, o afinidad; personas que tienen los mismos gustos y caracteres o que provienen de un mismo diseño heredado.* No sé si usted a escuchado un dicho de la gente que dice: *Hijo de tigre tiene que salir rayado.* ¿Qué diría usted de un padre que es moreno y su hijo sale blanco? Tal vez no salió a sus padres, pero salió a sus abuelos. Siempre habrá un rasgo generacional. Una familia puede ser pequeña, conformándose solamente del esposo, la esposa y los hijos, o puede ser tan grande como una ciudad o nación. Ciertas familias tienen sus características, pero necesitamos comprender que no tenemos por qué aceptar las características negativas de nuestros antepasados; estas no tienen por qué perseguirnos durante el resto de nuestra vida. Tú puedes romper los patrones de conducta que haya sufrido tu familia inmediata (como por ejemplo, si vienes de una familia donde el divorcio es casi una regla). En nuestra familia personal, una familia de cuatro hijos, tres de ellos han pasado por divorcios, pero nosotros personalmente no hemos aceptado esta conducta como una licencia o una práctica a imitar. Mi esposo y yo hemos cancelado esta maldición y siempre oramos y les enseñamos a nuestros hijos que ellos son libres de esa cadena.

> *Todo cristiano debe invocar la sangre de Cristo sobre su vida y romper con todo aquello que lo liga a vivir como sus antepasados.*

Sería bueno que medites en estas preguntas: *¿Qué es lo que me impulsa a que piense y me conduzca de una manera que no agrada a Dios? ¿Qué cosa me impulsa a que actúe violentamente con mis hijos, sin razón aparente? ¿Por qué me da la impresión de que no puedo retener ningún trabajo por un buen tiempo?* Es hora de romper esa maldición que se halla en tu vida, de una vez por todas y caminar en la libertad que nos proporcionó Jesús por medio de la cruz. ¡Gloria a Dios porque Él vino a liberarnos! ¿Has notado que en las familias donde el padre vivió como borracho y murió borracho, ahora el hijo es igual? Esto sucede porque los espíritus son transferibles de generación a generación. Tú no sabes lo que tu mamá o papá hicieron cuando tú estabas en el vientre. Ellos pudieron haberte ofrecido a algún ídolo o pudieron haber hecho algún pacto satánico. *La maldición es como una serpiente que está escondida debajo de una piedra.* Mientras no levantemos la piedra, esa serpiente estará allí hasta que alguien la descubra y la saque fuera. Aunque nosotros somos salvos y vivimos en Cristo, no estamos exentos de sufrir los efectos de una maldición generacional. Todo cristiano debe invocar la sangre de Cristo sobre su vida y romper con todo aquello que lo liga a vivir como sus antepasados o a tener sus gustos, sus caracteres, su forma de vivir, de andar y de caminar. Debemos despojarnos de esa mala costumbre de decir: *Es que así soy yo. Mi mamá o mi papa eran así y por esa razón yo soy así.* Si aceptaste a Cristo como tu Salvador, Él vive en ti y todo lo que el cielo ha dicho de ti se cumplirá.

Una maldición puede venir a través de tus palabras

Aunque estas sean pronunciadas, dichas meramente a la ligera y sin premeditación, escritas o meramente formadas en el pensamiento, las palabras que salen de nuestra boca pueden bendecir o maldecir nuestra vida y la de los demás. A veces, cuando alguien dice algo y añade la frase *no lo decía en serio* o *no sé porque lo dije,* hasta cierto punto reduce o revoca el efecto de sus palabras, pero no se libra de sus consecuencias o de dar cuentas por ellas delante de Dios. *"Más yo os digo que de toda palabra ociosa que hablen los hombres, de ella darán cuenta en el día del juicio. Porque por tus palabras serás justificado, y por tus palabras serás condenado"* (Mateo 12:36,37). La Biblia dice en Proverbios 6:2: *"Te has enlazado con las palabras de tu boca, y has quedado preso en los dichos de tus labios".* Es muy peligroso hablar palabras sin pensar, ya que, sin darnos cuenta, nosotros mismos podemos estar profiriendo maldiciones en vez de bendiciones.

Las palabras que decimos tienen un efecto tan poderoso, que la Biblia afirma que *"la muerte y la vida están en poder de la lengua"* (Proverbios 18:21). Podemos estar maldiciendo a nuestra familia y a nuestros hijos con nuestras palabras. Debemos tener cuidado con lo que hablamos para no caer en la trampa de una maldición. Por ejemplo, si una mujer está orando por su marido y cada día que lo ve llegar a la casa le dice: *Tú nunca cambias; te voy a dejar,* entonces ella afirma su condición actual, lo amenaza y neutraliza el efecto de su oración con su declaración. He escuchado a otras personas que dicen: *Estoy cansada de vivir. Nada me sale bien. De qué me sirve todo lo que he hecho, lo mejor sería que me muriera.* Eso mismo dijo Rebeca, la esposa de Jacob (Génesis 27:46). Job maldijo el día que nació (Job 3:1-13) y Elías también maldijo sus días (Reyes 19:3-4).

En algunas familias, se hacen común algunas expresiones que fueron dichas por los padres en más de alguna ocasión, tales como: *Eres un tonto. No sirves para nada. Eres un idiota. Eres un burro. Eres un estúpido*, o aun más cruel: *Yo no te quería parir ni quería tener un hijo.* Una maldición generacional también puede ser ocasionada por la idolatría de nuestros padres (Éxodo 20:4-5). Si eres una nueva creyente, esto te puede sonar nuevo o desconocido, pero puede que todavía estés guardando algún objeto de veneración en tu casa que esté relacionado, en alguna manera, con algún acto o práctica de idolatría, brujería, ocultismo o santería. La maldición puede estar allí, sea que lo sepamos o no (Deuteronomio 7:25,26).

Cómo romper la maldición

Los creyentes necesitamos comprender el principio espiritual de la causa y el efecto. Sin comprender el poder de Jesús y de Su sangre, no podremos ser libres y vamos a seguir fallando todo el tiempo. Necesitamos comprender la verdad que nos hace libres. En Juan 8:32-36, Jesús le estaba hablando a los judíos que creían en Él y ya lo habían reconocido como Salvador, pero que no podían comprender por qué, siendo hijos de Abraham, necesitaban ser liberados. En Juan 8:33, dijeron que ellos no eran esclavos de nadie. Ellos no comprendían que, con cada pecado cometido, ya fuera por ellos o por sus ancestros, por su ciudad o por su nación, había una maldición espiritual unida a ese pecado. Los cristianos también necesitamos hacer algo más que nacer de nuevo y recibir el perdón; necesitamos también romper toda maldición ancestral. Es tiempo de que levantes la piedra y saques todo lo que está debajo de ella fuera de tu vida ahora mismo, no mañana. La maldición es lo opuesto de la bendición. Según Deuteronomio 28:16-68, una maldición incluye humillación, aridez, esterilidad, enfermedad física y mental, desintegración familiar, pobreza, derrota, opresión, fracaso y falta del favor de Dios. La palabra 'maldición' se menciona en la Biblia aproximadamente 230 veces y la palabra 'bendición' se menciona 410 veces. Para poder romper una maldición, es necesario seguir 3 pasos:

1. Arrepentirse. Es necesario reconocer que hemos confesado algo malo y arrepentirnos de todo corazón.
2. Revocar o cancelar lo que sea que se dijo (Marcos 14:66-72 y Juan 21:15- 17).
3. Reemplazar la mala confesión anterior por una confesión correcta, diciendo palabras positivas. Renovar nuestro vocabulario conforme a la Palabra de Dios.

Cierra la puerta trasera

La Biblia dice en Mateo 12:43-45: *"Cuando el espíritu inmundo sale del hombre, anda por lugares secos, buscando reposo, y no lo haya. Entonces dice: Volveré a mi casa de donde salí; y cuando llega, la halla desocupada, barrida y adornada. Entonces va, y toma consigo otros siete espíritus peores que él, y entrados, moran allí; y el postrer estado de aquel hombre viene a ser peor que el primero"*. En el mismo momento en que recibimos a Jesús, todas las fuerzas de las tinieblas que estaban atacando nuestra vida salen huyendo. Sin embargo, existe una responsabilidad de nuestra parte. Si tú sabes que has sido liberada, ya sea de un vicio o de cualquier práctica pecaminosa, debes apartarte completamente y mantenerte conectada bajo una cobertura pastoral de un hombre o mujer que te enseñe a caminar con el Señor, como es debido. Aunque tú ya has sido perdonada y libre de tus ataduras, si dejas puertas abiertas, la tentación puede regresar y si no estás preparada, corres peligro.

Suele verse en muchas familias cristianas, que una persona sale de un estilo de vida lleno de pecado, recibe la salvación y entra en el ministerio o se involucra en su iglesia. Después esta persona cría a sus hijos en la iglesia y éstos, apenas llegan a la adolescencia, salen a hacer las mismas cosas que los padres solían hacer, sólo que peores. Nos quedamos estupefactos y nos preguntamos: ¿Qué sucedió? ¿Qué anda mal? Los padres suelen decir: *Nuestros hijos fueron criados en la iglesia, pero están haciendo exactamente lo mismo que hacíamos nosotros, antes de ser salvos*. Podríamos hacer muchas conjeturas y hasta teorías al respecto, pero la verdad del caso es que hay que reconocer que, en algún lugar, hubo una falla. Puedes haber creído que solamente con asistir e involucrarse en la iglesia, tus hijos estarían a salvo y descuidaste algunas responsabilidades básicas en su crianza. Las vías de comunicación entre los padres y los hijos pueden haber sido pobres, mientras que las amistades y las influencias del mundo fueron más poderosas, a tal grado que influenciaron para que ellos desviarán su mirada de los caminos del Señor y terminaran exhibiendo conductas parecidas a las abandonas por sus padres.

Romanos 6:23 dice que *"la paga del pecado es muerte"*. Esto no habla sólo de la muerte después de la cual tenemos por delante el cielo o el infierno. El divorcio es parte de esa muerte; lo son también la pobreza, el racismo, la ira que destruye los matrimonios y las familias, la depresión y las enfermedades. La gente recibe la salvación, pero no ha aprendido a aplicar la sangre de Cristo sobre todo lo que poseen. Cuando tú te das cuenta de lo poderoso que es vivir bajo la cobertura y el poder de la sangre de Jesús, te convertirás en un gigante espiritual. ¡Ningún espíritu y ninguna maldición te podrán tocar! El divorcio tratará de llegar, al igual que enfermedades, depresión, ira, violencia y todo tipo de cosas malvadas van a tratar de arremeter contra ti y tu familia, pero si tú estás cubierta por la sangre de Jesucristo, nada te podrá tocar. Nada puede cruzar hacia donde está la sangre. Hoy en día, tú eres el tabernáculo de

Dios y la sangre del Cordero ha sido derramada una vez y para siempre, a fin de perdonar tu pecado y romper la maldición.

> *Jesús no sólo lava tu pecado, sino que también lava la consecuencia de tu pecado, que es la muerte.*

Quita la carga y destruye el yugo

"Acontecerá en aquel tiempo que su carga será quitada de tu hombro, y su yugo de tu cerviz, y el yugo se pudrirá a causa de la unción" (Isaías 10:27). Tiene una importancia absoluta el que tú comprendas esta parte de la enseñanza. ¿Recuerdas cuando Jesús dijo en Juan 8:32, *"conoceréis la verdad, y la verdad os hará libres"*? Los judíos que habían creído, pensaban que ellos tenían toda la verdad que necesitaban, porque eran hijos de Abraham. Sin embargo, estaban equivocados. Sus cargas les habían sido quitadas, pero estaban a punto de que fueran destruidos sus yugos o maldiciones de familia. Ahora bien, ¿qué quiere decir esto de que el poder de Dios quita las cargas y destruye los yugos?

En primer lugar, Romanos 6:23 dice que *"la paga del pecado es muerte"*. La paga por la carga o la recompensa por nuestro pecado, es la muerte. Jesucristo pagó ese precio, lo cual significa que Él ya se llevó esa carga. En segundo lugar, Su unción también destruye el yugo. Por eso Jesús dijo: *Cuando comprendan la verdad, entonces van a ser realmente libres. No sólo les voy a quitar la carga del pecado, que es la muerte, sino que también voy a romper el yugo del pecado, que es la maldición.* Todo lo que usted tiene que hacer es reclamar esta verdad, por medio de Jesucristo y de Su unción. Si lo hace, todo pecado será perdonado y toda maldición quedará rota para usted y su familia, en el nombre de Jesús. Aunque Isaías 53:5 es un texto bíblico que muchos cristianos se saben de memoria, he descubierto que la mayoría no comprenden la poderosa revelación que Dios nos está profetizando en Jesucristo. *"Más él herido fue por nuestras rebeliones, molido por nuestros pecados; el castigo de nuestra paz fue sobre él, y por su llaga fuimos nosotros curados."*

Cuando Dios nos dice que la sangre de Jesús nos limpia, significa que somos doblemente sumergidos, somos perdonados pero también somos liberados de la iniquidad. Tenemos el poder necesario para resistir al pecado y llevar una vida santa. Tenemos el poder necesario para resistirnos a la ira, a la violencia, a las drogas y a la depresión. Sin importar cuales hayan sido tus pecados o cuan profundamente manchada esté tu vida, la sangre de Jesús no se limita a simplemente cubrir sino también a lavar todo eso. Jesús no sólo lava tu pecado, sino que también lava la consecuencia de tu pecado, que es la muerte. Tú y yo tenemos vida eterna. Las heridas sangran en el exterior y las rebeliones son los actos externos. Él es también el destructor de yugos. Él fue herido por nuestras transgresiones y también fue molido por nuestras iniquidades. Él es quien quita las cargas y destruye los yugos. Él lo lava todo en el exterior y nos hace libres en el interior.

Bendiciones para las generaciones

Vemos en la Biblia gente cuya vida bendijo a su familia y a su nación. El patriarca Abraham, por ejemplo, recibió la promesa de bendición para su familia y todas las familias de la tierra serían bendecidas por medio de él. Esas bendiciones fueron traspasadas a sus descendientes, Isaac y Jacob, de quienes nacieron las doce tribus de Israel que terminaron convirtiéndose en la actual nación de Israel. De esta nación vino Jesús y, por medio de Jesús, la maldición fue rota. "*Y haré de ti una nación grande, y te bendeciré, y engrandeceré tu nombre, y serás bendición. Bendeciré a los que te bendijeren, y a los que te maldijeren maldeciré; y serán benditas en ti todas las familias de la tierra*" (Génesis 12:2,3).

No importa que estés sufriendo por una maldición que sea consecuencia de algo que tú mismo hayas hecho o de algo que hayan hecho tus antepasados. Cristo quita las cargas y destruye los yugos. Él vino para hacerte libre. Tú ya no tienes que pagar más las consecuencias de esa maldición. Puedes vivir en las bendiciones, en la libertad de la redención y en la restauración de Dios. Jesucristo quiere liberarte de tus miedos, sentimientos de inferioridad, depresiones, religiosidad, legalismo, vergüenza, timidez, frustraciones, corajes, rechazo, odio, celos, enojos, dolores, tristeza, tensiones, cansancio, alcoholismo, desórdenes alimenticios, actitudes negativas acerca del sexo, desconfianza, sentido de culpabilidad, memorias del pasado, sueños no realizados, baja autoestima, obesidad, enfermedades, complejos, lesbianismo, palabras vulgares, etc.

VI

Un matrimonio exitoso

Es importante recordar que toda persona tendrá algún problema, pero más importante aun es saber que para cada problema, nuestro Dios tiene el remedio o solución.

"Y ante todo, tened entre vosotros ferviente amor; porque el amor cubrirá multitud de pecados."
(1 Pedro 4:8)

Debemos hacer conciencia de que la relación matrimonial no se puede tomar livianamente. Este es un compromiso serio. La Palabra de Dios nos dice en Génesis 2:24: *"Por tanto, dejará el hombre a su padre y a su madre, y se unirá a su mujer, y serán una sola carne"*. Es necesario enfatizar más a cerca de la seriedad del compromiso matrimonial. En este versículo, la palabra *dejará* implica una salida, una separación y un desapego entre el hombre y la mujer respectivamente, y su casa paternal. La palabra *unirá* implica un compromiso y una unión legal el hombre y la mujer en matrimonio. Uno de nuestros mayores problemas es la falta de conocimiento acerca del contrato matrimonial. Las parejas que ignoran este elemento pueden hablar de amor y tener intimidad física, pero eso no significa que esa relación sea un matrimonio apropiadamente balanceado. La palabra *unirá* es la palabra.

hebrea que significa *pegarse como con pegamento*. En un matrimonio, el hombre y la mujer se pegan, como un papel se pega al otro. Si se tratan de separar, ambos se romperán y siempre quedarán fragmentos del uno en el otro. Cuando esta unión no existe, hay un matrimonio legal pero hueco, sin amor. Ser 'una sola carne' va más allá del sexo y de la intimidad física. Este término implica que dos personas comparten todo lo que tienen, no sólo sus cuerpos y posesiones materiales, sino también sus pensamientos, sus sentimientos, sus sueños y sus miedos, sus logros y sus frustraciones. Mientras cada uno mantiene su identidad propia, se complementan mutuamente, para así formar una relación completa.

En un matrimonio, el hombre y la mujer se pegan, como un papel se pega al otro. Si se tratan de separar, ambos se romperán y siempre quedarán fragmentos del uno en el otro.

¿Qué es un contrato matrimonial?

"Por tanto, lo que Dios juntó, no lo separe el hombre" (Marcos 10:9). El matrimonio es un contrato voluntario entre un hombre y una mujer para unir sus vidas, reconocido como tal por la iglesia o el estado. Esto implica un acuerdo firmado y juramentado por dos personas que se aman y que dan su palabra delante de un juez, pastor, sacerdote o magistrado de su compromiso de amarse, honrarse, respetarse y mantenerse unidos, aun en momentos de enfermedad, hasta que la muerte los separe. Entonces, según la Palabra de Dios, ¿cuáles deben de ser las responsabilidades de los esposos y las esposas?

Lo que Dios espera de los esposos

Efesios 5:25, dice: *"Maridos, amad a vuestras mujeres, así como Cristo amó a la iglesia, y se entregó a sí mismo por ella"*. Este tipo de amor que se demanda aquí es el amor *ágape*, un amor incondicional. La Palabra de Dios no dice que el hombre debe amar a su mujer porque es bonita, amorosa, porque tiene una buena figura, etc. Si fuera así, el amor se limitaría al plano emocional. El verdadero amor va mucho más allá, trasciende el mundo natural hasta tocar el mismo corazón de Dios. Aunque al esposo le cueste decirle a su esposa de vez en cuando: *Mi amor te amo. Que linda te vez hoy. Eres preciosa. Me gusta tu vestido, etc.*, debe hacerlo. Así agradará a esa gran mujer que Dios le ha regalado, carne de su carne y hueso de su hueso.

Lo que Dios espera de las esposas

Efesios 5:22,23 dice: *"Las casadas estén sujetas a sus propios maridos, como al Señor; porque el marido es cabeza de la mujer, así como Cristo es cabeza de la iglesia, la cual es su cuerpo, y él es su Salvador"*. Si la mujer no se somete al marido, entonces tampoco se somete a Dios y viceversa. Hay un gran problema con este versículo si lo interpretamos según nuestra conveniencia. El tipo de sumisión a la que se refiere en este texto, no es aquella que está acompañada de maltrato, abuso, humillaciones y exigencias. La sujeción de la mujer a su marido solo se consigue por medio del amor. Cuando una mujer es y se siente amada, ese amor la lleva al acto de la sumisión voluntaria. Hago esta salvedad porque todo en la vida cuesta. Si el hombre desea tener una esposa sujeta a él, debe entonces aprender a tratarla con amor y respeto. Así recibirá grandes recompensas.

La familia

Como parte de lo que conocemos como matrimonio, surge la familia, la cual viene a formar parte vital de este conglomerado de factores. Cuando contraemos matrimonio con una persona, es imprescindible considerar todo lo que envuelve este compromiso. No solamente aceptarás a una persona, sino también a todo lo que viene con ella, como por ejemplo sus familiares. Hay algunas tensiones que afectan a toda la familia y es muy importante conocerlas, ya que es inevitable tener que enfrentar estos retos. Una familia es una organización compleja, donde existen jerarquías integradas por subsistemas (alianzas, coaliciones, triángulos, etc.). Teniendo esto en cuenta, es evidente que no podemos evitar tener roces y diferencias en una familia. Por eso es bueno entender cuáles son esas fuentes de tensión que tendrán algún efecto positivo o negativo en la institución de la familia. Existe la tensión horizontal, que está compuesta por el sistema social y los patrones familiares. También existe la tensión vertical, compuesta por la familia extendida. Estos componentes forman lo que se conoce como la familia nuclear, los cuales contribuyen a la relación con sus mitos, límites y reglas.

Problemas que confrontan algunos matrimonios

La mala comunicación es el problema primordial en los matrimonios. Esta ocurre cuando el mensaje enviado no es igual que el mensaje recibido. Existen diferentes tipos de comunicación y diferentes factores que la afectan.

* El emisor - la persona que envía el mensaje.
* El mensaje - lo que se está tratando de transmitir.
* El receptor - la persona que recibe el mensaje.
* La respuesta - lo que contestará el receptor.

* Comunicación verbal - cuando el mensaje se expresa con palabras.
* Comunicación no verbal - cuando el mensaje no se expresa con palabras, sino con expresiones faciales, tono de voz, expresión corporal, actitudes, etc.

Para lidiar con estos asuntos, es necesario aprender a desarrollar buenas vías de comunicación, entendiendo que la mujer promedio habla 25,000 palabras por día, mientras que el hombre promedio habla sólo 12,500 palabras por día. Por supuesto, hay excepciones a estas reglas. A veces, las esposas ahogamos la comunicación de nuestros esposos cuando venimos con un espíritu de discusión o con respuestas llenas de juicios. Una comunicación efectiva (abierta, libre, positiva y aceptable) es la característica principal de un matrimonio funcional. Trata, hasta donde sea posible, de no cargar a tu pareja con quejas y con discusiones que no tienen sentido.

Factores que causan problemas en las parejas

Asuntos sin resolver

Existen factores externos e internos que afectan a las parejas a diario. Muchas parejas se casan con asuntos sin resolver, como por ejemplo cuando una de las dos partes ha sufrido algún tipo de abuso o violación y no se lo ha comunicado a su pareja en el noviazgo o antes de contraer matrimonio. Ellos se casaron y ahora, de la noche a la mañana, comienzan a verse las marcas de las heridas que produjeron las malas experiencias del pasado. La otra persona está muy sorprendida, perpleja y se molesta con frecuencia porque no puede entender la razón de las reacciones de su pareja. Si este es tu caso y crees que no posees las herramientas necesarias para enfrentar tu problema y hablar con tu compañero, debes buscar la ayuda de un consejero, ya sea de tu pastor o de un consejero o terapeuta profesional. Ten confianza en Dios. Si su amor es verdadero, este tendrá la facultad de sobreponerse a cualquier circunstancia adversa y ambos serán de apoyo mutuo en tiempos de necesidad.

Divorcio previo

Cuando uno se casa, lo hace esperando tener un matrimonio perfecto. Sin embargo, si te toca casarte con una persona que ya ha pasado por un divorcio, asegúrate que tu pareja esté completamente sana de esa relación previa. Los profesionales en la materia recomiendan que se espere, al menos dieciocho meses de estar solo(a) para pensar en una nueva relación. Esta medida de tiempo es recomendable porque se debe dar tiempo para que la persona procese el sentimiento de luto ocasionado por la muerte de esa relación. Por supuesto, si hay hijos de por medio, esto debe ser discutido con anticipación, para que el tiempo y las finanzas estén en orden. Conocemos muchos casos de personas que han hecho un segundo intento y, por no haber esperado al menos hasta que esa herida fuera sanada, han terminado con un segundo fracaso y a veces más.

Presiones financieras

¿Quién va a trabajar? ¿Quién controla el dinero? ¿En qué se va a gastar? Te recomiendo tener estos conceptos claros en tu cabeza antes de casarte. Pero si ya estás en la olla, busca un buen consejero matrimonial que los oriente, ya que, si no tuvieron consejería pre-matrimonial, estos temas de seguro se quedaron en el aire y solamente continuaran ocasionando más problemas. La mala administración financiera lleva a muchas familias a la bancarrota y, por consiguiente, a muchos divorcios.

Problemas externos

Algunos factores externos que pueden traer tensiones y presiones a la pareja pueden ser: los suegros, los niños, las amistades, las demandas vocacionales, los tiempos de crisis, las enfermedades, etc. Tenga mucho cuidado con esto. Aprenda a darle a cada cosa su lugar y su tiempo apropiado para que su atención esté dirigida correctamente a lo más importante: tu matrimonio.

Aburrimiento

La gente usualmente entra en rutinas que le quitan el entusiasmo al matrimonio. No desperdicien el tiempo. Saquen tiempo para hacer cosas que les a gusten ambos. Salgan de la rutina, vean una película, tomen una caminata a la luz de la luna, salgan de vacaciones, al menos una vez al año. La vida se hizo para disfrutarla y hay muchas maneras sanas de hacerlo. Invéntate una cena romántica y envía a tus hijos a un lugar seguro para que puedas estar relajada. El intento de Satanás por destruir hogares, familias y matrimonios, en ocasiones tiene éxito porque muchos cristianos no saben que a Dios le interesa que ellos sean felices. Si estás pensando que estás cayendo en esta trampa, tú puedes salir de ahí. Si te molestaste con tu pareja porque a él se le olvido tu cumpleaños o su aniversario, comienza por perdonar. El perdón es un gran bálsamo sanador para tu espíritu. Las reconciliaciones son muy buenas.

El compañerismo en la pareja

Una esposa amorosa considera a su esposo como un compañero y él también lo hace con ella. El esposo que no considera a su esposa como una compañera en igualdad de condiciones, nunca será un esposo funcional. Cuando el esposo considera verdaderamente a su esposa como compañera, él la tendrá en cuenta al momento de tomar decisiones. Es importante que esta sea una experiencia conjunta, ya que habrá áreas en las que él tendrá más conocimiento que su esposa y viceversa.

Ejerciendo buena mayordomía

La mayordomía es un área muy importante a considerar. Cada pareja debe forjar el modelo que calce, conforme a las diferentes personalidades, talentos, deseos y valores del esposo y de la esposa. Una pareja puede haber decidido que el esposo solamente trabaja y provee y la esposa administra y cuida del hogar. Otra pareja en la cual ambos son profesionales, puede haber decidido que los dos trabajaran. Sin embargo, el resultado puede ser que ninguno tenga tiempo y se hayan acostumbrado a sus riquezas, sin saber que harán si alguno tiene que dejar de trabajar. Es importante en todo caso, que uno de los dos o que ambos lleven los libros y administren correctamente sus finanzas.

Principios de mayordomía

Es interesante ver en el pasaje bíblico de 2 Reyes 4:1-7, a una mujer que se queda viuda con el gran problema de que su esposo la había dejado endeudada y los acreedores querían llevarse a sus hijos como esclavos en forma de pago. Ella no solamente tuvo que vivir el luto de la pérdida de su esposo sino que también se enfrentó a la posibilidad de perder a sus dos hijos. Pasar por dos situaciones difíciles simultáneamente traumatizaría a cualquier mujer. Existen tantas maneras de interpretar esta historia que podríamos escribir un libro entero a cerca de ella. Este uno de los pasajes bíblicos más populares al hablar de milagros. A partir de esta historia, podemos hablar de temas como la provisión de Dios y la mayordomía, los beneficios del temor a Dios y la obediencia, el Espíritu Santo y la unción, el discernimiento y la sabiduría en tiempos de crisis, la preservación de las relaciones familiares y el legado a las generaciones postreras, entre otros. En una situación tan angustiosa como la que esta mujer vivía, tal vez pensó en varias opciones como acudir a otros prestamistas, pero ella tomó la decisión de creer que Dios podría hacer un milagro a través del profeta Eliseo, porque ella temía a Dios (v.1). Poco tiempo después, ella obtuvo el milagro que anhelaba y luego una instrucción final, que es el punto en el cual deseo enfocar mi reflexión. 2 Reyes 4:7 dice: *"... Ve y vende el aceite, y paga a tus acreedores; y tú y tus hijos vivid de lo que quede"*.

Ve y vende el aceite

Dios nos ha dado una cantidad de recursos para que los pongamos a trabajar a nuestro favor y así poder dar testimonio de Su provisión. Debemos usar lo que tenemos. Si vemos ese aceite como los dones y talentos con los cuales Él nos creó, escucharíamos a Dios decirnos: *Ve y ponlos en práctica.* Si lo vemos como los recursos materiales que tenemos, escucharíamos a Dios decirnos: *Ve y genera ganancias.* Dios proveyó un cordero para Abraham en el último minuto antes de que sacrificara a Isaac (Génesis 22:13-14) y proveyó a Pedro para el pago de impuestos al templo (Mateo 17:24-27), porque Él es Jehová Jireh (el Dios Proveedor).

La primera pregunta que me hago es: ¿Qué hago cuando Dios me envía a vender el aceite que me da? ¿Qué hago cuando me da la instrucción de generar ganancias de esos dones ó de esa provisión material que me da? Mientras escribo esto, trato de imaginarme a Abraham viendo el cordero que Dios le dio milagrosamente para el sacrificio y diciéndole a su hijo: *Oye Isaac, ¿sabes qué? Este cordero se ve muy bueno como para comerlo con unas papas al vapor y una salsita de ajo o tomate. Mejor hacemos el sacrificio otro día.* También imagino a Pedro sacando las monedas del pez y pensando: *Esto es mucho dinero para el templo. No me parece que necesiten tanto. Mejor guardo la mitad para cualquier situación que se nos pueda presentar en el camino.* Si alguno de estos personajes no hubiese sido obediente y temeroso de Dios, seguramente no estaríamos hablando de ellos.

A veces, cuando Dios nos da algo, sea mucho o poco, material o espiritual, nos da temor ponerlo a producir. Entonces vienen las quejas, primero porque no teníamos nada y después porque tenemos algo que no sabemos cómo multiplicar. Lo primero que hizo la viuda después que Dios le proveyó el aceite fue ir al profeta, al hombre de Dios, a pedir su consejo. A veces buscamos el consejo de gente que está en peor situación que la nuestra y por supuesto, el consejo será negativo. En este caso, debemos dejar las emociones a un lado y detenernos a observar, meditar y a escuchar la instrucción del Espíritu Santo, quien seguramente nos guiará hacia la persona más indicada para aconsejarnos. Dios siempre coloca Eliseos más cerca de lo que la situación nos deja ver. Dios te dice hoy: *Ve y vende el aceite. Aún lo poco que te he dado puedes y debes multiplicarlo. Como mi hija que eres, este es tu derecho y tu deber, para que des testimonio de mi bendición sobre ti.*

El deudor adquiere un compromiso que lo mantiene atado a su prestamista y se debe sujetar a cualquier condición que este le imponga.

Paga a tus acreedores

Lo que el profeta le dijo a la viuda fue que, apenas obtuviera la provisión, lo primero que debía hacer era pagar sus deudas, quedar en paz con todos a su alrededor y romper cualquier pacto que la siguiera perjudicando y deteniendo su libertad financiera. Vivimos en uno de los países más consumistas del mundo, en donde mucha gente dice no tener dinero para pagar cosas importantes como sus diezmos, talleres de crecimiento personal, estudios, compromisos adquiridos con terceros, seguros de salud e incluso se les dificulta mantener alimento en sus despensas antes de finalizar la quincena. Sin embargo, no pueden dejar de viajar en días feriados, adquirir el último modelo de teléfono celular, vestir a la última moda, y contar con los equipos de tecnología más avanzada en su hogar.

El consumismo es un fenómeno de la sociedad moderna occidental por el que se adquieren bienes o se contratan servicios por parte de los consumidores y usuarios, por encima de las necesidades de subsistencia. Esto sucede aun con endeudamiento y de manera irreflexiva para satisfacer sus deseos superficiales. La gente hoy en día no quiere estirar el pie mas allá de donde le llega el zapato, a pesar de la gran necesidad que existe de moderar nuestro consumo por razones de sostenimiento del mundo en el que vivimos. Conviértase en una persona responsable de sus actos. No trate de vivir a una altura que usted no puede llegar. Existe una ley que dice que todo lo que sube tiene que bajar. Mientras más usted se meta en deudas más grande será su caída económica.

En lo personal, he tenido la oportunidad de vivir en uno de los países más desarrollados del mundo y de visitar otros con la misma calificación. He observado que allí las personas se sujetan al poder adquisitivo que manejan. Los bancos de esos países prácticamente no cuentan con grandes departamentos de cuentas por cobrar. Proverbios 22:7 dice: *"El rico se enseñorea de los pobres, y el que toma prestado es siervo del que presta"*. ¿A quién le estás sirviendo hoy? ¿A qué banco, persona o institución le diste el derecho de gobernar sobre tus finanzas? Es importante recordar que cada vez que nos endeudamos, sea quien sea la persona o institución a la cual recurrimos, creamos un pacto en donde decimos: *Entiendo que yo soy el deudor y me sujeto a todas las obligaciones que esto acarrea delante de quien se convierte en mi acreedor.* En otras palabras, el deudor adquiere un compromiso que lo mantiene sujeto a su prestamista.

Es de suma importancia cancelar las deudas adquiridas lo antes posible y no involucrarse más en ellas. En caso de verse en la obligación de adquirir una deuda (por ejemplo, no todos están en la capacidad de adquirir una vivienda de contado), se deben evaluar sus pros y sus contras, asegurándose que le dará prioridad al pago de esa deuda, incluso antes del tiempo programado. Algunas personas adquieren deudas pequeñas o compromisos que, por ser de montos bajos, olvidan o piensan que los pueden postergar. En otros casos piensan: *Esa persona no lo necesita más que yo*, lo cual resulta en el incumplimiento de la fecha convenida de pago, genera un mal testimonio y hasta puede causar la ruptura de una relación que bien pudo conservarse.

El que pide prestado se sujeta a cualquier condición que le imponga la persona que le presta. Una vez que el dinero está en manos del que pide, éste debe pagar bajo las indicaciones de quién le prestó. Elabora un plan de pago. Si le debes dinero a alguien, págalo lo antes posible para que Dios te ayude. Romanos 13:8 NTV dice: *"No deban nada a nadie, excepto el deber de amarse unos a otros. Si aman a su prójimo, cumplen con las exigencias de la ley de Dios"*. Dios te dice hoy: *Paga a tus acreedores. Esa provisión que te doy es la espada que romperá todo lo que te ata a ellos para que así comiences a caminar hacia tu libertad financiera. Demuéstrame que no me equivoqué al elegirte como una de mis amadas mayordomas.*

Vive de lo que te quede

Como mujeres cristianas, sabemos que somos hijas del Dueño del oro y la plata (Hageo 2:8) y que estamos bajo la protección de un Dios para quien nada es imposible (Lucas 18:27). Sin embargo, el Señor también nos ha llamado a administrar sabiamente los recursos que ha colocado en nuestras manos (Lucas 16) y a invertirlos de manera tal que produzcan ganancias y no pérdidas (Mateo 25). Eliseo no le dijo a la viuda: *Ve y vende el aceite, luego vienes a ver cuánto dinero obtuviste de la venta y cuánto dinero necesitas de allí para tus gastos, y con lo que te sobre, si es que te sobra algo, vas y le abonas a ese cobrador tan fastidioso y le dices que se espere hasta el próximo milagro.* ¿Te imaginas a Eliseo diciendo eso? Sin embargo, ¿cuántas veces nosotros hemos pensado así? El profeta Eliseo no tenía la menor duda de que la viuda viviría confortablemente con lo que le quedara después de pagar a sus acreedores, pues sabía que Dios no desampara al obediente. Estoy absolutamente segura que, por lo menos hasta que sus hijos consiguieran la manera de trabajar y proveer para la casa, lo que les sobró era más que suficiente para vivir durante ese período de tiempo.

Creo que en los últimos cinco años ha sido cuando más he escuchado de pastores que han perdido sus propiedades. Debemos ser responsables, ante Dios primero y luego ante nuestra familia, al administrar nuestras finanzas. No haga lo que hacen algunas personas que dicen: *Bueno, cobré la quincena hoy. Debo hacer mercado, comprar unos zapatos para mi hijo y un pantalón para mí. Prometí ir al cine el viernes y, almorzar con una amiga. ¡Ay qué pena! Solo me alcanza para abonar el pago mínimo a la tarjeta de crédito. El próximo mes pago el condominio porque no me cobran mucho de intereses de tardanza. Pero eso sí, debo pagar mi plan para el teléfono inteligente último modelo y el DirecTv, porque eso si me lo cortan rapidito.*

Otra de las cosas que nos detiene a ser obedientes es el temor de pagar todas las deudas y de que lo que nos sobre no sea suficiente para salir adelante hasta la próxima venta de aceite (o hasta el próximo pago). El Dios a quien servimos nos demanda una fe como la de esta viuda, quien solo concibió una solución a su grave problema a través de un clamor. Cuando Él nos provee, también espera de nosotros sabiduría y prudencia (Proverbios 3:21-23) y que obedientemente apliquemos este principio esencial pero tan poco valorado que expresó Eliseo: *"Paga tus deudas y vive de lo que te quede".* Tenemos una hermosa promesa en Deuteronomio 28:12,13 NTV: *"Tú prestarás a muchas naciones pero jamás tendrás necesidad de pedirles prestado. Si escuchas los mandatos del Señor tu Dios que te entregó hoy y los obedeces cuidadosamente, el Señor te pondrá a la cabeza y no en la cola, y siempre estarás en la cima, nunca por debajo"*. Ahora está en nosotros caminar hacia esa promesa con fe, pero también con prudencia y sabiduría.

Queda solo una pregunta: *¿Cómo administraré la siguiente porción de aceite que Dios me dará?* La respuesta a esta pregunta es muy personal y cada una debe aplicarlo a su realidad. Si yo fuera tú, comenzaría ahora mismo a hacer un presupuesto de mis ingresos y mis gastos para ver si estoy gastando más de lo que gano o viceversa. No permitas que tu casa se derrumbe. La mujer sabia se educa y aprende de sus errores. Creo que Dios te dará el aceite necesario para que puedas vivir el resto de tu vida sin tener que gastarlo todo ni convertirte en una pordiosera. Este es el mejor momento para ti. Te convertirás en una mujer de realeza donde aún lo poco vendrá a ser muchísimo en tus manos, porque Dios te multiplicará todo lo que toques.

Tu esposo como tu prioridad

En un matrimonio funcional, la esposa pondrá a su esposo al tope de su lista de prioridades. Para la mayoría de los hombres, su carrera está siempre al tope de su lista. Sin embargo, muchas esposas se quejan porque pareciera que sus esposos están casados con su trabajo. Escuche de cierto caso en el cual un hombre, exitoso en su carrera, había acumulado varías casas, automóviles e inversiones. Durante 20 años, su carrera fue su prioridad número uno. Sin embargo, al cabo de un tiempo, su esposa lo dejó por otro. La esposa amorosa amará a su esposo incondicionalmente. Esto significa que buscará lo mejor para él. Una esposa amorosa procurará tener el compromiso de descubrir y satisfacer las necesidades de su esposo. Una esposa amorosa tratará de dar buen ejemplo con sus valores espirituales y morales. El amor se debe demostrar a diario en la forma de vivir. Cuanto más cerca viven la mujer y el hombre de las creencias espirituales y morales, más respetuosos serán sus hijos. Cuanto más grande sea el abismo entre lo que proclaman creer y lo que en realidad hacen, mayor será la falta de respeto.

> *Una buena señal de un matrimonio feliz es una relación íntima saludable.*

Cómo desarrollar la intimidad en su matrimonio

Una buena señal de un matrimonio feliz es una relación íntima saludable. En muchas parejas, cuando se desvanece el clímax emocional de la obsesión amorosa, la intimidad se vuelve esquiva. Escuché el caso de una pareja que tenía problemas matrimoniales. Ellos fueron ante un consejero y esto fue lo que dijo el esposo en su segunda sesión de consejería: *Mientras podemos mantener nuestra vida sexual, todo está bien, pero cuando no tenemos relaciones sexuales, yo siento que ella no me atiende y no puedo seguir así para siempre.* Sin embargo, en ambas sesiones, la esposa dijo: *Ya no hacemos cosas juntos. Él siempre está alejado. Nuestra comunicación es casi imposible, ni siquiera hablamos. ¡Él no entiende mis sentimientos! Cuando trato de compartirle mis luchas, él me da una corta respuesta y sale de la habitación.* Ella clamaba por intimidad emocional y él por intimidad sexual (física). Ellos realmente estaban buscando dos cosas completamente diferentes.

Qué es la intimidad

En latín, la palabra *intimus* significa *interno*. Por lo tanto, la intimidad involucra a dos personas abriéndose mutuamente en su interior. Esto implica entrar en la vida de cada uno, en forma emocional, intelectual, social, física y espiritual. Tener una relación intima con alguien es conectarse al nivel más profundo, en cada área de la vida. La intimidad viene acompañada de un sentimiento de amor y confianza. El deseo de intimidad entre el hombre y la mujer se origina en su creación (Génesis 2:18, 23, 24).

Existe algo en el hombre que clama por la mujer y algo en la mujer que clama por el compañerismo del hombre. En un matrimonio saludable, podemos encontrar cooperación, un lugar de descanso, un hogar, un allegado, alguien con quién estamos profunda y singularmente relacionados. La intimidad sexual es un aspecto de la unidad. El problema de la pareja que mencionamos anteriormente era que él deseaba intimidad sexual y ella anhelaba un acercamiento emocional y ninguno reconocía que estaba clamando por la misma cosa. En un matrimonio sano, la pareja debe comprender que su deseo de intimidad es parte de quienes son.

Para un crecimiento posterior, puedes conseguir el libro *The Gift of Sex* (El regalo del sexo), por Clifford y Joyce Penner. Recuerde: *El órgano sexual más importante es el cerebro*. La forma en que pensamos acerca de la relaciones sexuales tiene un profundo efecto sobre cómo respondemos sexualmente el uno al otro. Obtener una sana visión balanceada de nuestra sexualidad es, con frecuencia, el primer paso en la intimidad sexual. La intimidad es un proceso. No insista en la perfección y conténtese con crecer.

Extremos de un esposo

En la intimidad, el esposo debe ser un líder amoroso. El esposo dominante es aquel que toma todas las decisiones y solamente informa a su mujer lo que debe de hacer. Él no tolera preguntas ni le gusta dar explicaciones y cree que su responsabilidad es controlar todas las decisiones importantes acerca de la vida de su familia, mientras la esposa cuida de los niños. En el otro extremo encontramos al esposo contemporáneo, aquel cuya actitud dice: *No cuenten conmigo.* Este espera que su esposa atienda la familia y tome todas las decisiones importantes, mientras él se interesa por los deportes y por mantener sus músculos en forma para que su esposa esté orgullosa de él.

En una familia funcional, el esposo no calza en ninguno de estos estereotipos anteriores. Él debe ser capaz de relacionarse con su esposa a nivel emocional, no debe huir cuando las cosas se ponen mal o difíciles y debe buscar soluciones que beneficien a la familia entera. Él debe ser un líder en quien se puede confiar, quien valora el compañerismo de su mujer y desea estar ahí para ella, sin necesariamente desear dominarla. Así trabaja una familia funcional.

Intimidad y confianza

Para una persona que ha sido objeto de abuso, la intimidad, generalmente, es algo muy difícil. La intimidad requiere confianza y, una vez que ésta ha sido destruida, primero hay que restablecerla para lograr que la intimidad sea agradable. Los seres humanos constantemente nos herimos, así que no puedo aconsejarte que sólo confíes en la gente y decirte que no te van a lastimar. Puede que las personas no tengan la intención de herirte, pero debemos enfrentar la realidad de que, como somos seres imperfectos, constantemente nos lastimamos.

Habrán momentos en los que te sentirás herida, así como otros en los que herirás a otras personas. Hasta la gente que se ama mucho a veces se lastima y decepciona. A algunas mujeres les toma varios años sentirse cómodas en la intimidad con su marido, debido a las experiencias del pasado. Muchas pueden decir: *Si tenemos que hacer esto, acabemos de una vez. Así me olvido y puedo seguir haciendo alguna otra cosa.* Si ésta ha sido tu situación y estás tratando de evadir estos temas, tarde o temprano llegará el momento en que tendrás que enfrentar tu actitud con respecto a las relaciones sexuales y a la intimidad.

Usualmente postergamos las cosas que Dios quiere que resolvamos porque algunos asuntos son muy dolorosos para encarar. Sin embargo, debes tomar la decisión de dejar de posponerlos y encarar la verdad. Cuando una mujer no ha superado el trauma de una violación y finalmente encuentra a un buen compañero, éste se convierte en una víctima, sufriendo así las consecuencias de esa mala experiencia. Las mujeres que han pasado por situaciones dolorosas suelen castigar a su cónyuge al negarse a tener intimidad con él, son presas del miedo, se les hace muy difícil acercase a su esposo y no logran demostrarle algún interés en tener relaciones sexuales. Como sus primeras experiencias fueron pervertidas y dolorosas, su actitud hacia el sexo es errónea. Puede ser que la gente le lastime, pero Dios nunca lo hará. Algunas cosas que Él te muestre pueden ser dolorosas por algún tiempo, pero al final obrarán para bien. Si te dejas guiar por Él, podrás enfrentarte a tu propia situación y el Espíritu Santo te acompañará en tu proceso de sanidad en relación con la intimidad y la confianza.

Para desarrollar la intimidad matrimonial, tanto el esposo como la esposa deben estar comprometidos a satisfacer las necesidades físicas y emocionales de su conyugue. Muchos hombres tienen diferentes ideas, normas y expectativas acerca del sexo. Ésta es una de las razones por las cuales los matrimonios sufren en esta área. Una persona joven puede pensar: *¡Lo tenemos todo! Nuestra vida sexual es fantástica.* Desafortunadamente, el estrés diario de la vida muchas veces se mete en el medio de la intimidad sexual, distrayendo la atención del esposo hacia la esposa y evitando que ambos se complazcan. Ser joven y tener un matrimonio nuevo no garantiza que la relación sexual será saludable. Las experiencias pasadas que las personas traen al matrimonio también afectan la intimidad. Si has comenzado una relación matrimonial con experiencias parecidas, no sientas vergüenza en buscar ayuda profesional. El proceso puede ser doloroso, pero ignorar el pasado traerá dolor y amenazas que pueden afectar el éxito de tu matrimonio.

VII

Dios, Creador de la sexualidad

"Por tanto, dejará el hombre a su padre y a su madre,
y se unirá a su mujer, y serán una sola carne.
Y estaban ambos desnudos, Adán y su mujer,
y no se avergonzaban."
(Génesis 2:24,25)

El sexo es el proceso que Dios nos ha dado para multiplicarnos. Él nos encomendó: *"fructificad y multiplicaos; llenad la tierra, y sojuzgadla"* (Génesis 1:28). Sin embargo, Dios también designó el sexo para nuestro placer. En la Biblia, el libro de Cantares, aunque está lleno de un significado espiritual, provee una excelente descripción de la intención de Dios para las relaciones sexuales entre el hombre y la mujer. De acuerdo con Salomón, el hombre tiene la libertad de disfrutar el cuerpo de su esposa y la esposa tiene la libertad igualmente de disfrutar de su esposo. Aquí hay un ejemplo de cómo el novio expresa esta libertad en dicho libro: *"¡Cuan hermosos son tus pies en las sandalias, oh hija de príncipe! Los contornos de tus muslos son como joyas, obra de mano de excelente maestro. Tú ombligo como una taza redonda que no le falta bebida. Tu vientre como montón de trigo cercado de lirios. Tus dos pechos, como gemelos de gacela. ¡Qué hermosa eres, y cuán suave, oh amor deleitoso!"* (Cantares 7:1-3,6). Estos versículos nos proveen tres puntos para ayudarnos a desarrollar la intimidad con nuestra pareja:

1. Salomón fácilmente alababa y reconocía a la mujer Sulamita como su amada. Él le expresaba su hermosura con palabras vívidas y utilizaba un lenguaje pintoresco con el cual le comunicaba su admiración hacia ella. Trae a tu memoria cuándo fue la última vez que le escribiste a tu pareja una carta de amor que le expresara su belleza interior y lo que significa para ti.
2. Salomón era romántico. Con sus palabras poéticas, él describía el cuerpo de su amada como una fuente deleitosa. Algunos esposos son fácilmente creativos y románticos, pero otros no. En esta área, las mujeres tenemos que ayudarles y expresarles, de alguna manera, lo que nos agrada.
3. El enfoque de Salomón era físico. La esposa puede ser tentada a resentir el enfoque sexual y físico de su esposo, pero las mujeres debemos comprender que los hombres son estimulados por lo visual y que Dios los diseñó de esta manera. En el libro de Cantares 5:10-16, el acercamiento de la esposa en el sexo y sus comentarios acerca de su amado, indican que ella también estaba enfocada en lo que sus ojos veían: "*Mi amado es blanco y rubio, señalando entre diez mil. Su cabeza como oro finísimo; sus cabellos crespos, negros como el cuervo. Sus ojos, como palomas junto a los arroyos de las aguas, que se lavan con leche, y a la perfección colocados. Sus mejillas, como una era de especias aromáticas, como fragantes flores; sus labios, como lirios que destilan mirra fragante. Sus manos, como anillos de oro engastados de Jacinto; su cuerpo, como claro marfil cubierto de zafiros. Sus piernas, como columnas de mármol fundadas sobre basas de oro fino; su aspecto como el Líbano, escogido como los cedros. Su paladar, dulcísimo*

y todo él codiciable. Tal es mi amado, tal es mi amigo, oh doncellas de Jerusalén".

En Cantares 7:9-12 y 8:5-7, la Biblia ilustra los dos aspectos principales del acercamiento del amor: El aspecto físico y el aspecto relacional. La mujer Sulamita describe el cuerpo de su amado ricamente y colorido, así como Salomón la describe a ella también. Sin embargo, ella también se enfoca en su persona y en su relación. Los hombres usualmente cometen el error de enfocarse solamente en el lado físico y en el sexo. El sexo es más que un acto físico que termina en cinco minutos. El sexo junta a dos personas en cuerpo, alma y espíritu. Cuando las partes del alma y el espíritu faltan en el sexo, la mujer se siente vacía, indeseada y usada.

Si el matrimonio está pasando por un período de turbulencia, o si uno de los cónyuges está luchando con alguna dificultad emocional, ese problema generalmente se va manifestar en la relación sexual. El sexo actúa como un indicador, midiendo la profundidad de la relación. Para que el sexo sea realmente satisfactorio para ambos, cada uno tiene que abrirse totalmente y hacerse vulnerable al otro. Cada uno necesita sentirse necesitado, deseado y aceptado. El ajuste sexual en el matrimonio toma tiempo. Disfrute el proceso de la hermosa experiencia de la intimidad en su matrimonio, porque esa fue la intención de Dios cuando lo creó. La intención de Dios de incluir el sexo en el matrimonio era crear una entremezcla de relación y placer para ambos.

Las necesidades sexuales de él y de ella

En esta sección, cubriremos algunas diferencias que se interponen en el acercamiento sexual y lo que la esposa y el esposo deben hacer para satisfacer las necesidades físicas de su pareja. En este proceso, sería bueno que aprendiéramos a conocernos mejor, no solamente en lo físico sino también en lo emocional, intelectual y espiritual.

Después de algunos años de ajustes de compartimiento y de tener algunos argumentos, entonces surge la comunicación de cuerpo, alma y espíritu. En este proceso, se ha reconocido que el egoísmo puede ser un tremendo estorbo para lograr una relación sexual satisfecha. No hay nada que derrita el hielo más rápido en la cama matrimonial que cuando el esposo se da cuenta que la esposa tiene diferentes perspectivas y expectativas acerca del sexo. Estas diferencias causan malos entendidos, frustraciones y disgustos en la relación sexual.

Hombres

* Actitud - Físico, compartimiento.
* Estimulación - Centrada en el cuerpo, visión, fragancia y acciones.
* Necesidades - Respeto, ser deseado físicamente, expresión física.
* Respuesta sexual - En cualquier tiempo, excitación rápida, difícil de distraer.
* Orgasmo - Acortado, más intenso, más orientación física.

Mujeres

* Actitud - Relacional, global.
* Estimulación - Centrada en la persona, toque, actitudes y palabras.
* Necesidades - Seguridad, sentirse necesitada emocionalmente, intimidad.
* Respuesta sexual - Cuando ella lo desea solamente, excitación lenta y distracción rápida.,
* Orgasmo - Extenso, más profundamente, más orientación emocional.

El hombre necesita respeto, admiración, sentirse que es deseado físicamente y no sentirse humillado. La mujer necesita comprensión, amor, sentirse deseada emocionalmente y un tiempo de acercamiento físico antes del acto sexual. Al estudiar a tu pareja, podrás comprender algunas de estas diferencias básicas entre el hombre y la mujer. Mientras aprendes las necesidades de tu pareja, tú puedes actuar "sacrificadamente" para satisfacerlo en una forma amorosa y cuidadosa.

Si la sexualidad fue idea de Dios, ¿por qué las mujeres cristianas no se interesan por aprender más de este tema? ¿Cuántas mujeres, antes de casarse, se sentaron en la sala con su mamá y su papá y les preguntaron todo lo que quisieron sobre el sexo, y recibieron una respuesta? Dios creó el sexo y Él tiene un propósito y una definición sobrenatural de lo que es la unión entre marido y mujer, mediante la cual los dos se convierten en uno. El plan de Dios es usar la sexualidad para la procreación y el placer en la pareja, lo que se expresa con claridad en el libro de Cantares. Sin embargo, como pasa con todo en esta vida, Satanás tomó lo que Dios creó y trató de sustituirlo por un reflejo de lo que debería ser. Dios nos permite escoger entre la vida y la muerte, la bendición y la maldición, el pecado y la abstinencia, su camino o el del mundo. Él nos dice: *Pongo ante ti un Libro, mi Libro, un Libro de instrucciones. Si caminaras en el sendero de esas instrucciones, no sufrirás las consecuencias.*

Muchas de nosotras tenemos una impresión equivocada del sexo a causa de la forma en la que el mundo lo definía cuando éramos jóvenes. Como consecuencia, lo que percibimos sobre el sexo y sobre nuestro cuerpo es falso. Esto es verdad para las mujeres que son vírgenes o que lo fueron hasta que se casaron y también para las que están activas sexualmente desde temprana edad. El sexo puede ser bello o destructivo, puede ser un acto importante de amor e intimidad entre un esposo y una esposa, o puede ser algo que hace mucho daño. El sexo puede ser igual de peligroso que el fuego, el cual nos da calor y nos permite cocinar nuestros alimentos, pero también nos puede dejar cicatrices permanentes o incluso matarnos si no se controla.

Hoy en día, existen muchos malentendidos acerca del sexo y de las enfermedades de transmisión sexual (ETS). Una de las razones es que mucha gente solamente piensa en el SIDA cuando piensan en este tipo de enfermedades. Oímos hablar de los activistas del SIDA y del levantamiento de fondos para el SIDA, pero existen muchas otras enfermedades de transmisión sexual. De hecho, en los últimos 15 años, las enfermedades de transmisión sexual alcanzaron proporciones de epidemia en los Estados Unidos, aunque la mayoría de nosotros no nos enteramos de cuánta gente a nuestro alrededor está infectada, ya que ellos se avergüenzan y no quieren comentarlo, ni siquiera con sus parejas. Antes de la década de los 70, las dos enfermedades de transmisión sexual más comunes eran sífilis y gonorrea, enfermedades que los soldados trajeron de Corea o Vietnam y que podían tratarse fácilmente con penicilina. En 1976, comenzaron las infecciones de clamidia, y en 1981, se identificó el SIDA por primera vez. En aquel entonces, se dijo que sólo varios cientos de personas de los Estados Unidos lo padecían. Ahora sus víctimas suman más de 1 millón.

En la década de los 80, el Herpes era tan frecuente que fue el artículo de portada de la revista Time. En 1992, la enfermedad de inflamación pélvica, en la que la infección se extiende desde afuera del cuerpo hasta los órganos internos, se había hecho tan común, que se diagnosticaba a más de 1 millón de mujeres cada año. De ese millón, 200.000 eran adolescentes. El virus del papiloma humano, que se transmite por relaciones sexuales, ascendió considerablemente en la década de los 90. Este virus es el causante de más del 90% de todos los cánceres de matriz, y la gente usualmente lo contrae entre los 22 y los 25 años. Es tan fácil contagiarse, que existe un 50% de probabilidad de que esto ocurra cada vez que se tiene relaciones sexuales con una persona infectada.

En este momento, existen más de 25 enfermedades de transmisión sexual diferentes, y las dos terceras partes de ellas las contraen menores de 20 años. Cada año, 15 millones de norteamericanos contraen una enfermedad de transmisión sexual, y la cuarta parte de ellos son adolescentes. La gente se pregunta por qué hay tantas enfermedades de transmisión sexual y por qué cada vez hay más gente infectada con ellas. La respuesta es que cuando alguien tiene relaciones sexuales con una persona, está también teniendo sexo con todas las parejas anteriores de esa persona. Existen dos formas básicas de contraer enfermedades de transmisión sexual: Una es por contacto con los fluidos del cuerpo, tales como el semen, fluidos vaginales y la sangre. La otra forma es mediante contacto cutáneo directo con una persona infectada. Las que se contraen por los fluidos del cuerpo son el virus del VIH, hepatitis, clamidia, tricomonas (causada por una especie de parásito) y la gonorrea. Las que se contraen por contacto cutáneo son el herpes y el virus HPV. Algunas enfermedades de transmisión sexual son bacterias, mientras que otras son virus.

Enfermedades bacteriológicas

Clamidia

Para las mujeres, la enfermedad venérea más dañina para es la clamidia, causante de infecciones que se extienden dentro del cuerpo y dañan el útero, las trompas de Falopio y los ovarios. Uno de sus efectos es la infertilidad, que es una de las razones más frecuentes por las que mujeres jóvenes no pueden tener hijos. Otro efecto de la clamidia es romper las trompas de Falopio y causar una hemorragia interna. Esta es la causa de muerte por embarazo más habitual en los Estados Unidos. Las adolescentes son mucho más susceptibles que las mujeres adultas a la clamidia y a la gonorrea, porque las células que cubren el cuello de su útero para proteger la piel son mucho más delgadas y más susceptibles a las infecciones. Entre un 30% a 40% de las adolescentes sexualmente activas están infectadas.

Si se compara un cuello de útero normal con un cuello de útero infectado de clamidia, uno se da cuenta de que la infección provoca que el cuello del útero se inflame, se enrojezca y sangre fácilmente cuando se toca. Quizás te preguntas, ¿por qué una mujer tiene relaciones con un hombre infectado de clamidia? El 40% de los hombres que tienen clamidia no presentan síntoma alguno y no saben que son portadores de la infección, así que inocentemente se la transmiten a sus parejas. Al infectarse con clamidia, se producen cicatrices en las trompas de Falopio de una mujer, lo cual las bloquea e impide que el esperma pueda entrar y que los óvulos puedan salir; por eso la mujer no puede quedar embarazada. Escuché el caso de una mujer que desde que tiene 18 años, ha tenido 3 operaciones para tratar de quedar embarazada, pero aún no ha podido concebir. Si pudiéramos ver el interior de esta chica con una cámara dirigida hacia el hígado, podríamos ver el tejido cicatrizado que hay entre el hígado y el diafragma, donde están los pulmones. Una situación así se da en un 20% de las mujeres que contraen esta inflamación pélvica. Esta mujer sufría dolores repentinos e intensos que, con frecuencia, le llegaban a los hombros y le producían problemas al respirar, toser y reír. Aunque tomó antibióticos para matar la infección, el tejido cicatrizado era permanente. La inflamación pélvica causa otras infecciones devastadoras que pueden cambiar el curso de la vida de una mujer.

Gonorrea

La gonorrea es la causa principal de la inflamación pélvica. Ésta también puede producir artritis, infertilidad y fuertes dolores en la pelvis. El porcentaje más alto de mujeres infectadas con gonorrea se da en las que tienen entre 15 y 19 años. Una de las razones es una diferencia en su sistema inmunológico. Las adolescentes no tienen tantas células protectoras en el plasma sanguíneo para luchar contra las infecciones, como las mujeres mayores. Las paredes interiores del cuello del útero de las mujeres que han tenido hijos se endurece y pueden defenderse más fácilmente.

En los Estados Unidos, existen alrededor de 30 millones de adolescentes, la mitad de los cuales ya han tenido relaciones sexuales por lo menos una vez. Eso significa que, actualmente, hay 15 millones de adolescentes que tienen alguna experiencia sexual. Más de 3 millones de esos 15 contraerán, cada año, una enfermedad de transmisión sexual nueva. El 20% de los adolescentes activos sexualmente en los Estados Unidos, desarrollarán cada año una enfermedad de transmisión sexual.

En los hombres, la gonorrea causa una inflamación que produce pus y puede doler al orinar. Hay muchos hombres que no se preocupan porque les salga del pene una pequeña cantidad de pus. Mas si un hombre infectado tiene relaciones sexuales, la mujer tiene un 40% de posibilidades de contagiarse con sólo un encuentro sexual. Si la mujer se contagia puede desarrollar inflamación pélvica, con todas sus devastadoras complicaciones. Sin embargo, estas enfermedades venéreas causadas por bacterias se pueden curar.

Enfermedades víricas

Virus del papiloma humano (VPH)

La enfermedad de transmisión sexual más frecuente causada por un virus, es el *virus del papiloma humano,* que a su vez causa verrugas genitales. Cada año, existen 5½ millones de casos nuevos. Un estudio realizado entre universitarias, mostró que tenían un 46% de posibilidades de dar positivo en una prueba del VPH. Eso significa que casi la mitad de las universitarias contraen el virus antes de graduarse. El VPH puede producir verrugas en el pene. A veces las verrugas son pequeñas, por lo que no producen dolor ni se detectan. De hecho, quizás el hombre ni sepa que tiene esa clase de verrugas pequeñas, así que tendrá relaciones con alguien y no sabrá que está transmitiendo la enfermedad. El VPH también es una causa frecuente del cáncer del pene.

Las verrugas del VPH en la vulva de una mujer, la parte exterior de sus órganos genitales, pueden ser muy grandes. Estas con frecuencia crecen durante el embarazo y a veces se hacen tan grandes que ocupan toda la vagina, impidiendo que el bebé pase por ella. Se trata de un problema muy serio que con frecuencia tiene que ser tratado con láser. Esas verrugas se pueden quemar, pero este procedimiento es doloroso y requiere anestesia general. También es muy costoso y puede que no resulte exitoso la primera vez, habiendo que repetirlo varias veces. El tratamiento puede costar miles de dólares y obviamente causa mucha molestia emocional.

Herpes

1 de cada 5 personas mayores de 12 años está infectada con herpes genitales. Cada año se dan entre 200.000 y 500.000 casos nuevos. Actualmente en los Estados Unidos, existen 31 millones de personas con herpes. 1 de cada 4 mujeres y 1 de cada 5 hombres contraerá la infección en algún momento de su vida. Muchas personas seguirán teniendo erupciones de vez en cuando, por el resto de su vida ya que esto no tiene cura. Las úlceras del herpes en el pene del hombre pueden ser muy dolorosas, ya que el órgano se pela y queda expuesto. Con los años, puede haber nuevas erupciones cerca del lugar de la infección original. Este virus también puede transmitirse oralmente.

Al principio, cuando una mujer contrae esta enfermedad, la infección suele ser peor que la de un hombre, ya que la vagina es un lugar muy seguro para que se esconda el herpes. Se pueden producir muchas más lesiones, lo que puede producir tanto dolor que le resulte incómodo orinar. En muchos casos, la mujer tiene que usar un catéter para orinar hasta que baje la inflamación; tiene fiebre, escalofríos, dolor muscular, nauseas, y a veces tendrá que ser ingresada a un hospital simplemente para calmarle el dolor. Si nace un niño cuando la madre tiene una erupción de herpes, el niño tiene entre un 40% a un 50% de posibilidades de contraer la infección. Si el niño contrae la infección, hay un 50% de posibilidades de que muera. Los que sobreviven experimentan grandes daños en el cerebro. Así que, algo que le sucedió a una mujer cuando era adolescente la afectará a ella y a sus hijos de por vida.

Los adolescentes son sólo el 10% de la población, pero son responsables por el 25% de todas las enfermedades de transmisión sexual.

El VIH y el sida

Aproximadamente 1 de cada 300 estadounidenses mayores de 13 años está infectado con el virus del VIH. En 1994, el SIDA fue la mayor causa de muerte en individuos de entre 25 y 44 años. En 1998, más de 375.000 norteamericanos habían muerto de SIDA, casi la misma cantidad que los 400.000 norteamericanos que murieron en la Segunda Guerra Mundial. Al principio, el SIDA ocurría mayormente entre hombres homosexuales, quienes al ver morir a sus amigos, entendieron lo peligrosa que era esta enfermedad, volviéndose más cuidadosos. Sin embargo, hombres y mujeres heterosexuales no se dieron cuenta de que el peligro se había extendido hasta ellos mediante transfusiones de sangre infectada, por el uso de jeringuillas de drogas y por un aumento del sexo fortuito entre bisexuales y heterosexuales. Ahora, el SIDA es una epidemia entre hombres y mujeres heterosexuales. El virus que causa el SIDA, el VIH, aumenta cada día entre adolescentes de los Estados Unidos. En estos momentos, el 25%, o 1 de cada 4 de los casos nuevos de VIH, se da en jóvenes de entre 13 y 20 años. Los adolescentes son sólo el 10% de la población, pero son responsables por el 25% de todas las enfermedades de transmisión sexual.

Hepatitis B y C

La hepatitis B es una enfermedad vírica que causa hepatitis, esclerosis y cáncer del hígado. Cada año se dan 200.000 casos nuevos en los Estados Unidos, y la mitad de ellos ocurren por contacto sexual. La hepatitis B es la causa más común de cáncer del hígado, que tiene muy pocas cantidades de casos curados. Un bebé recién nacido de una madre afectada de hepatitis B tiene más del 90% de posibilidades de contraer el virus. Entre el 70% y 90% de estos niños portarán esa infección por el resto de su vida y tendrán grandes posibilidades de contraer esclerosis de hígado y otros problemas. La hepatitis C es la infección viral crónica más común en los Estados Unidos. Cada año hay entre 35.000 y 40.000 casos nuevos, y la incidencia más alta se da entre las edades de 20 a 39 años. Estos ocurren principalmente por vía sanguínea, pero un 20% puede darse por contacto sexual.

Protección contra los efectos de las enfermedades de transmisión sexual

En nuestra sociedad, la gente piensa: *Tenemos tecnología, drogas, antibióticos; deberíamos poder curarlo todo.* Algunas enfermedades son bacteriológicas y tenemos antibióticos que las curan. Existen otras enfermedades que pueden dejar tejidos cicatrizados que nunca desaparecerán. Sin embargo, las infecciones víricas como el VPH, herpes, SIDA y hepatitis no se pueden curar. Ante esto, ¿qué alternativas tienen los solteros que están tratando de evitar enfermedades transmitidas por contacto sexual? Solamente tres: *preservativos, monogamia o abstinencia.*

Primera opción: Preservativos

Algunas personas apoyan el uso de preservativos, los cuales se pusieron de moda como método preventivo del SIDA. Sus defensores dicen que si se usa un preservativo, no se contraerá infecciones. En un estudio de dos revistas médicas se analizó la fiabilidad de los preservativos que se usaban para evitar el embarazo, no para prevenir enfermedades. Los investigadores entrevistaron a 100 parejas que afirmaron que usaban preservativos y sólo entre el 14% y el 16% de ellas lo usaban cada vez que tenían relaciones y lo usaban correctamente. Una de las razones por la que los preservativos fallan es que pueden romperse o se pueden escurrir del pene. En este estudio, el 15% de las mujeres quedaron embarazadas usando preservativos y la concepción sólo se puede producir durante varios días al mes. Ya que las relaciones sexuales suelen ser más frecuentes que eso, es fácil deducir que los preservativos no funcionan bien para protegerse contra enfermedades. Los investigadores también hicieron un estudio de parejas en las que uno de los cónyuges estaba infectado con el virus del SIDA. Uno pensaría que estas personas tendrían mucho cuidado, pero el estudio mostró que sólo el 50% de las parejas usaba correctamente los preservativos, y eso cuando la transmisión de la enfermedad era cuestión de vida y muerte.

El otro problema de los preservativos es que no cubren los genitales por completo. Hay infecciones que se transmiten por fluidos, pero otras por contacto cutáneo. Las partes de la piel a las que no llega el preservativo pueden transmitir enfermedades como el herpes, la sífilis, el virus del papiloma humano y las verrugas. Un hombre puede usar un preservativo mientras tiene relaciones con una mujer con sífilis, pero el preservativo no es seguro, porque no cubre el vello de la zona pélvica. Entonces, al tener sexo con esta persona, aun usando un preservativo, ella contraerá la enfermedad.

Segunda opción: Monogamia en serie

Hay gente que cree que la monogamia en serie, es decir, serle fiel al novio o a la novia del momento, le protegerá de enfermedades de transmisión sexual. Una mujer decide salir con un solo hombre y, como ninguno de los dos están con nadie más, ella cree que está segura. Sin embargo, la persona promedio cambiará de pareja en seis meses o un año y después volverá a serle fiel a esa nueva pareja por el mismo período de tiempo. Después la pareja terminará su relación y cada uno tendrá otra pareja nueva. Serán fieles hasta que se repita el ciclo. La gente le llama monogamia a esto, refriéndose a que son fieles mientras están en esa relación, pero a lo largo de su vida pueden llegar a tener 5, 7 o hasta una docena de parejas. Cada vez que se acuesta con una persona diferente se está acostando con todas las otras parejas que esa nueva persona tuvo, aun cuando fuera fiel durante el tiempo que estuvo con ella.

Tercera opción: Abstinencia

La última opción para la mujer soltera es la abstinencia hasta entrar, mediante el matrimonio, en una relación sexual permanente, monógama y fiel por ambas partes. La verdadera abstinencia consiste en evitar el contacto genital hasta el matrimonio, lo que incluye todo tipo de actividad, no sólo el coito, que permita el contacto entre la piel y los genitales. Cuando las personas adoptan la alternativa de abstinencia sexual, no se contagian con ninguna enfermedad de transmisión sexual y la mujer no queda embarazada. El índice de fallos de la abstinencia es del 0%.

En estos momentos más del 50% de los muchachos y muchachas de secundaria son vírgenes, y ese número aumentó en un 11% desde 1991. Hoy en día, el 25% de los adolescentes que tuvieron sexo en el pasado ya hicieron votos de practicar la abstinencia por el resto de su vida. Algunas personas me preguntan: *¿Es normal o saludable no tener relaciones sexuales hasta el matrimonio?* Yo siempre respondo: *Sí. De hecho, esa es la única forma de garantizar que permanecerás sano físicamente y feliz emocionalmente.*

Y dijo Dios: Haya sexo

En este pasaje de las Escrituras, se describe la influencia de Satanás y nuestra protección: "*Pero el cuerpo no es para la fornicación, sino para el Señor, y el Señor para el cuerpo. Y Dios, que levantó al Señor, también a nosotros nos levantará con Su poder. ¿No sabéis que vuestros cuerpos son miembros de Cristo? ¿Quitaré, pues, los miembros de Cristo y los haré miembros de una ramera? De ningún modo. ¿O no sabéis que el que se une con una ramera, es un cuerpo con ella? Porque dice: 'Los dos serán una sola carne'. Pero el que se une al Señor, un espíritu es con Él*" (1 Corintios 6:13-17). Ahora lea los siguientes pasajes que reflejan la opinión de Dios sobre la sexualidad y la perversión:

* **Adulterio** - "*Pero a causa de las fornicaciones, cada uno tenga su propia mujer, y cada una tenga su propio marido. El marido cumpla con la mujer el deber conyugal, y así mismo la mujer con el marido*" (1 Corintios 7:2,3).
* **Promiscuidad y fornicación** - "*Huid de la fornicación. Cualquier otro pecado que el hombre cometa, está fuera del cuerpo; más el que fornica, contra su propio cuerpo peca. ¿O ignoráis que vuestro cuerpo es templo del Espíritu Santo, el cual está en vosotros, el cual tenéis de Dios, y que no sois vuestros?*" (1 Corintios 6:18,19).

* **Pornografía y lenguaje lascivo** - *"Cuando alguno es tentado, no diga que es tentado de parte Dios: porque Dios no puede ser tentado por el mal, ni él tienta a nadie; sino que cada uno es tentado, cuando de su propia concupiscencia es atraído y seducido. Entonces la concupiscencia, después que ha concebido, da a luz el pecado, y el pecado, siendo consumado, da a luz la muerte"* (Santiago 1:13-15).

Si has cometido algunos de esos errores o fuiste una persona promiscua antes del matrimonio, recuerda que Cristo perdonará tu pecado si lo confiesas y te arrepientes. Es necesario que busques ayuda, que leas los siguientes pasajes y que entiendas tu nueva posición como hija del Rey. Tú eres:

* Perdonada (Efesios 1:7; Colosenses 1:14; Hebreos 9:14; 1 Juan 2:12).
* Libre (Juan 8:31,32; Ester 7).
* Una persona sin condenación (Romanos 8:1).
* Reconciliada con Dios (2 Corintios 5: 18).
* Sanada por las llagas de Jesús (1 Pedro 2:24).

Escribe el pasaje que sea más significativo para ti. Lee la historia del hijo pródigo en Lucas 15:11-32 y luego haz esta oración: *Señor, te pido perdón por los errores y por todos los actos inmorales que cometí. Por favor, dame fuerzas para que en el futuro tome decisiones acertadas. Ayúdame a decirle no a todo lo que no te honre. Ayúdame a elegir vida y no muerte, bendición y no maldición. Te lo pido en el Nombre de Jesús. Amen.*

Los secretos de la intimidad sexual en el matrimonio

Existen deseos profundos que las mujeres guardan en su corazón. Ellas anhelan saber si en verdad sus esposos las aman y qué tan importantes son para ellos. Sin embargo, esto casi nunca se descubre en el dormitorio. A la mujer le molesta muchísimo sentir que a su esposo solo le importa la relación y el placer sexual. Si ella se siente como un juguetito sexual con el que su esposo quiere experimentar y recibir placer, se siente degradada y usada, más aún si su esposo ha tenido experiencias previas o si se nutre de la pornografía. Lo que verdaderamente excita a una mujer es un esposo comprensivo que ayuda en la casa, que ordena sus propias cosas, que ayuda con los niños, que es responsable y, sobre todo, un esposo que se preocupa por ella. Si el esposo se comporta de esta manera en una forma constante, encontrará que de 10 intentos, su mujer querrá y estará lista para complacerlo al menos 6 veces.

Los hombres no solamente desean tener relaciones con sus esposas para obtener su propio placer y alivio, sino también para que ellas sean complacidas. Cuando la relación sexual muere en un matrimonio, el hombre pierde algo muy importante para él: la certeza de que es capaz de complacer a su esposa físicamente. En el caso de la mujer, ella pierde la satisfacción de tener a un hombre que se encuentra cautivado por su belleza. Si una pareja solo pasa 5 minutos compartiendo en el tiempo de su intimidad, se puede tener una idea de lo que sucede en el resto de su matrimonio. El éxito de su matrimonio se mide con el tiempo que tú y tu pareja le dedican a su relación en todos los aspectos.

Dios es el Creador de la sexualidad y debemos usar su manual, la Biblia, como guía.

¿Qué tipo de relación sexual deseas tener?

Casi todas las personas son capaces de realizar el acto sexual de manera biológica, como un niño de 5 años sabe pasarle la jalea a un pan y comérselo. Sin embargo, si deseas comerte una comida gourmet, debes buscar a un buen chef para que te la prepare. Un chef va a la escuela, estudia el arte de la cocina, domina el uso de las especias, los condimentos y la presentación, y luego experimenta a ver qué le resulta mejor. Un esposo amoroso aprenderá que la presentación es todo para una mujer. La forma en la que él se presenta a sí mismo es muy importante y vice-versa. Algunos hombres pasan por alto la presentación, son torpes, poco elegantes y hasta ofensivos en la forma en que se acercan a su esposa en busca de intimidad sexual. Así como la esposa necesita saber que él es un buen padre y una persona amable y generosa, ella también necesita sus caricias tiernas y delicadas. Ninguna persona queda satisfecha cuando la relación se da con desesperación o a regañadientes.

Dios es el Creador de la sexualidad y debemos usar su manual, la Biblia, como guía. Dios reservó la relación sexual para el matrimonio porque esto conlleva compromiso. Manejar el matrimonio es cómo manejar un velero. Al hombre se le da la tarea de acomodar las velas dependiendo de donde venga el viento. De la misma manera, en el matrimonio, él tiene la enorme tarea de acomodar las velas de su esposa según los cambios del viento. Algunas veces ella desea correr libre y suelta, otras virar hacia adelante y hacia atrás, teniendo las cosas bajo su control. Si el esposo va a ser su capitán, debe aprender a manejar e interpretar los vientos y esto requiere tiempo y mucha experiencia con la misma mujer. Las experiencias con otras mujeres lo desviarán, ya que cada mujer es única en su deseo y en su placer. De la misma manera, se le exige a la esposa que aprenda a manejar los impulsos y los deseos de su esposo y que también participe activamente en la relación. El respeto es algo muy importante. No todos los hombres son iguales. Muchos de ellos son buenos esposos, padres e hijos cristianos y saben que la relación no es tan solo algo físico, sino que también está compuesta de elementos espirituales y emocionales.

Vale la pena luchar por una buena vida sexual, ya que esta le da color al matrimonio de pies a cabeza. En la vida hay que hacer muchas cosas aburridas que forman parte de la rutina y de los deberes cotidianos. Satisfacer a tu esposo es un mandamiento de la Palabra de Dios (1 Corintios 7:3-5). Mujer, un esposo sexualmente satisfecho hará cualquier cosa por ti y se sentirá bien consigo mismo. Gran parte de lo que son los hombres está ligado a la manera en que las esposas le responden en la parte sexual. En la actualidad, muchos hombres trabajan con temor de perder su empleo. Un esposo que tiene un hogar saludable y está satisfecho sexualmente asumirá su vida laboral con vigor y será un trabajador más efectivo. Un esposo satisfecho sabrá valorar las cosas importantes de la vida.

Practica juegos limpios en el amor

La higiene es muy importante en la relación sexual. Afeitarse la barba, bañarse y eliminar el sudor de un largo día de trabajo, cepillarse los dientes antes de ir a la cama y arreglarse las uñas son cosas que ayudan y aportan al tiempo de la intimidad. Se les preguntaron a unas 300 chicas universitarias qué era lo que más las atraía hacia un hombre, a parte de los impulsos visuales. Ellas contestaron sin titubear que eran atraídas por el buen olor de un hombre, es decir, por su perfume. El sentido del olfato de una mujer es más agudo que el de un hombre. En este tema, lo sutil es superior a lo brusco. Al preguntarles a varias mujeres cómo algunos hombres las habían conquistado, todas relataron detalles sutiles y tiernos. Al preguntarles cómo reaccionarían si su esposo fuera más romántico, ellas respondieron que se sentirían más inclinadas a excitarse por estar con él, a seguir manteniéndose atractiva, a descubrir lo que él desea, a tratar de ayudarlo a satisfacer sus necesidades, a quedarse con él en lugar de buscar un nuevo compañero, a estar de buen humor cuando él está cerca y a atender y complacer sus necesidades sexuales.

En cierta ocasión, tuve la oportunidad de ministrar a una dama que tuvo una crisis producto de una predicación del apóstol Noel Santiago titulada *El amor que duele*. En medio de su llanto, le pregunté: *¿Hace cuánto tiempo no caminas agarrada de la mano de tu esposo? ¿Hace cuánto tiempo tu esposo no te da un pellizco en una nalga?* Las mujeres tienen fantasías, pero estas nunca igualarán a las fantasías masculinas. Si el hombre invita a su esposa a una cena romántica, debe asegurarse de escoger un lugar que sea preferiblemente pequeño y reservado, con luz de vela, servilletas de tela y que toquen música suave o romántica. Si puede, debe cómprale un vestido nuevo, una prenda, un perfume o regalarle una flor. Es bueno que el hombre tenga en mente para su conversación, algunas cosas que su esposa quisiera escuchar, por ejemplo, lo maravillosa que se ve, cuánto la extraña, lo bueno que es estar con ella, los planes para su futuro, lo que le gusta de su relación, recordar cómo se conocieron y otros maravillosos momentos; elogiarla, resaltar sus logros e ideas y expresarle cuánto aprecia todo lo que ella hace. En una cita, las mujeres no deseamos escuchar a cerca de los hijos o parientes, la oficina o el trabajo, algún deseo que no nos involucre, cosas negativas, temas en los cuales no estemos de acuerdo y pueden provocar una discusión, tareas, gastos, cuentas, impuestos, problemas del día, otras mujeres pasadas o presentes, los logros o ideas individuales del hombre, su día y las dificultades que tuvo para planear esa cita.

Generalmente, después de una relación sexual, el hombre termina sin fuerzas y casi siempre se vira de lado y se queda dormido. Sin embargo, la mujer todavía desea que la acaricie un poco más y luego podrá descansar. Las mujeres debemos ser un poco más comprensivas en esto. Los hombres piensan: *Acabo de darte toda la atención que tengo, ¿y quieres más?* Aunque algunos esposos son más comprensivos y tratan de sobreponerse. Por lo tanto, tú, mujer, escoges si a través de tu disposición, de tu actitud y de tus palabras haces que tu esposo se sienta como el hombre más afortunado del planeta, o si a través de tus repetidas negaciones y de tus comentarios negativos puedes castrarlo y hacerlo sentir miserable. Si Dios fuera a medir tu amabilidad y generosidad solo por lo bien que tratas a tu esposo en este aspecto, ¿qué piensas que te diría?

Desconéctate de lo que te desconcentra

Inhibiciones paternas

Algunas veces sale a la luz una inhibición sexual que tiene el hombre o la mujer. Cuando exploramos el porqué de este problema, dicen: *Si mi mamá o mi papá se entera de lo que estuve haciendo, se disgustarían*. Las enseñanzas o ejemplo de sus padres les impiden avanzar y disfrutar de la relación íntima con su cónyuge.

Inhibiciones religiosas

Muchas iglesias se han quedado en los años 50. Pregúntate cuándo fue la última vez que un pastor o un rabino anunció una serie de sermones basados en el libro bíblico de Cantares, o siquiera un sermón acerca de la relación sexual. Nuestra cultura ha recorrido un largo camino en las dos últimas generaciones en cuanto a la apertura sexual, pero muchos se han quedado atrás.

Inhibiciones de las amistades

Algunas mujeres se sienten limitadas al pensar lo que dirán sus amigas. El pensamiento grupal puede ser algo de gran peso dentro del género femenino. Si en verdad te preocupa que la gente descubra lo que haces con tu pareja, entonces no se lo digas a nadie. No permitas que los que están fuera del dormitorio te roben el placer de la intimidad que construyes con tu pareja en ese lugar.

Inhibiciones personales

La vergüenza está al tope de la lista de las inhibiciones personales. Me enteré de una pareja que nunca se habían bañado juntos. Ella nunca había visto a su esposo desnudo con la luz encendida. Todo lo hacían a obscuras, debajo de las sábanas. Algunas mujeres y hombres, en particular los que vienen de hogares sumamente religiosos, tienen dificultad al comprender qué es lo adecuado en público y lo adecuado en privado. 1 Timoteo 2:9 nos enseña que las mujeres se deben vestir con decoro y modestia y que deben ser recatadas, pero eso se refiere al estar en público. Sin embargo, aplicar lo inadecuado en su vida sexual puede ser adverso para ella. La segunda inhibición personal es el miedo. En el modelo original, Adán no le temía a las características sexuales de su contraparte femenina, Eva. Tampoco Eva tenía miedo de las características eróticas de su opuesto masculino, Adán. Ellos sencillamente se complementaban. La tercera inhibición es la culpa. Después que Adán se presentó ante Dios con miedo, Él le preguntó: "*¿Y quién te ha dicho que estás desnudo?*" (Génesis 3:11, NVI). La culpabilidad no es parte de la ecuación original del modelo de Dios para el matrimonio.

La pareja matrimonial debe entregarse totalmente a sus actos sexuales, sin inhibiciones, sin remordimientos, sin culpabilidad y sin raíces de amargura. Escojamos la madurez. El matrimonio es una sumisión mutuamutua y voluntaria del uno al otro. Este se hace miserable cuando uno de los dos comienza a cerrarse ante el otro. Una vez te paraste en un altar y le diste a tu pareja un sí. Ahora no le digas no durante la noche. Espero que si su desconexión se debe a traumas personales, a problemas de crianza, a un falso sentido de la religión, a la vergüenza o a cualquier otra cosa, logren liberarse de eso, para que su vida sexual sea todo lo que debe ser.

VIII

La belleza, regalo de Dios

"¿O ignoráis que vuestro cuerpo es templo del Espíritu Santo, el cual está en vosotros, el cual tenéis de Dios, y que no sois vuestros?"
(1 Corintios 6:19)

Ideas y conceptos de la belleza

Leí la siguiente historia en un libro, y llamó mi atención. Deseo compartir con ustedes esta experiencia, que se puede asemejar a la de cualquier persona.

Había en cierta ocasión, una joven que estaba muy disgustada con su nariz. Su padre tenía una nariz muy perfilada y su madre tenía una nariz muy bonita y bien formada. Cualquiera de las dos hubiera estado bien para ella, pero ella sacó una mezcla de las dos que no era bonita. Durante muchos años, ella quiso ir a un cirujano plástico para corregir este "error" que Dios cometió.

Un día, esta joven reunió el valor necesario para hacer una cita médica Mientras esperaba, le echó un vistazo a los libros que había en el despacho del médico. Se asombró al ver el gran trabajo quirúrgico que haría falta, pero siguió en su asiento y mantuvo su compostura. Ella sabía que, en cuanto el cirujano viera su nariz, le diría: "Ya sabemos a qué vino". Unos minutos después, el médico entró en el cuarto de examen. Ella se sorprendió mucho cuando el médico se le acercó, le puso la mano en la frente y comenzó a estirarle la piel hacia atrás. Ella lo miró y le dijo: "¡No vine para que me estiren la piel, sino para que me arreglen la nariz!" Obviamente el médico se sintió avergonzado y le dijo que no creía que su nariz necesitaba arreglo. Este hombre era experto en belleza y no creía que su nariz estaba tan mal. De todas maneras, el médico respondió a todas sus preguntas técnicas sobre la operación.

Entonces se le llenaron los ojos de lágrimas. Él le preguntó qué le pasaba y ella le dijo al médico que todas las semanas iba al hospital a visitar a enfermos y oraba para que Dios sanara sus cuerpos. La mayoría de ellos habían sufrido operaciones serias, no por decisión propia, sino porque era cuestión de vida o muerte. Recordó un versículo del libro de Isaías: "Ahora pues, Jehová, tú eres nuestro Padre, nosotros barro, y tú el que nos formaste; así que obra de tus manos somos todos nosotros" (Isaías 64:8). Ella se encontraba en el consultorio de un médico, deseando cambiar algo que Dios, como Maestro Alfarero, había esculpido. Cada vez que ella se quejaba ante Dios de su nariz, Él le decía que era bella, pero tuvo que ir a la consulta de ese médico para darse cuenta de que Dios no comete errores.

Ese día, el médico le dijo que no estaba preparada emocionalmente para el procedimiento quirúrgico. Él ignoraba por completo que la cirugía había ocurrido durante esa consulta. De forma sobrenatural, el Espíritu Santo cambió el concepto que ella tenía de sí misma y le permitió verse a través de los ojos de un Rey amoroso que pensaba que su hija era bella tal y como Él la hizo. No podemos pensar que seremos bellas si tan solo hacemos ciertos cambios en nuestro cuerpo físico. Lo que debemos hacer es realzar lo que Dios ya nos dio.

No debemos desear ser bellas para ganar la aprobación del hombre, sino para representar a nuestro Rey con calidad y excelencia.

El concepto bíblico de la belleza

Las Escrituras registran el aspecto exterior de varias mujeres, y a muchas de ellas, la Biblia las describe como bellas. De Sara se dice que era una "*mujer de hermoso aspecto*" (Génesis 12:11); Rebeca era "*de aspecto muy hermoso*" (Génesis 24:16); Raquel era "*de lindo semblante y hermoso parecer*" (Génesis 29:17); Abigail era "*de buen entendimiento y de hermosa apariencia*" (1 Samuel 25:3); Betsabé era "*muy hermosa*" (2 Samuel 11:2); y Ester era una joven "*de hermosa figura y de buen parecer*" (Ester 2:7). La belleza de Ester, su gracia y su carácter, brillaron inquebrantablemente contra la oscuridad que amenazaba al pueblo judío. La Biblia incluso menciona que Ester siguió un tratamiento de belleza antes de ser presentada ante el rey.

Dios nos creó a todas con rasgos hermosos y únicos. No es difícil establecer un régimen individualizado de acuerdo a nuestros rasgos. Sin embargo, existen muchas mujeres que cuando se casan, creen que ya no necesitan cuidar de su aspecto externo y dan por hecho que sus esposos siempre tendrán sus ojos puestos en ellas. Es triste decir que esto no es así. Muchas veces, caemos en la trampa del adversario y perdemos mucho más que nuestra belleza cuando dejamos de cuidar de nuestro aspecto físico. Con el pasar de los años, algunas de nosotras nos abrumamos ante la idea de un cambio de imagen, cuando lo único que hace falta para convertirte en la mujer que Dios diseñó que fueras es tiempo y dedicación.

Tú debes orar primero si deseas un cambio de imagen. Pídele a Dios que te revele cómo Él te ve. Muchas veces, lo que nosotros consideramos feo, Él lo ve hermoso. No debemos desear ser bellas para ganar la aprobación del hombre, sino para representar a nuestro Rey con calidad y excelencia. Por muchas grietas que haya en la vasija, esta sigue siendo una vasija para honra. Como decía Pablo en Romanos 9:21: "*La luz del mundo promete brillar a través de los trozos rotos, pero el resto de la vasija tiene que pulirse para que brille*". Todo esto es para atraer a nosotros las almas pérdidas y poder llevarlas a la cruz del Salvador.

En segundo lugar, es necesario asegurarnos de que estamos equilibradas espiritualmente. Vemos muchas mujeres que externamente son muy atractivas, pero se consideran feas porque su vida espiritual estaestá fuera de la voluntad de Dios. Pregúntate qué tienes que hacer para regresar al compañerismo con Él. Dios es fiel y completará la obra que comenzó en ti (Filipenses 1:6). He visto algunos programas en la televisión donde, con una cirugía, le cambian la imagen a personas que tienen alguna parte de su cuerpo deformado, ya sea por sobre peso, por embarazos previos o por accidentes. He observado que algunas de estas personas, además de prepararse física y mentalmente para la cirugía, en muchas ocasiones necesitan alguna ayuda terapéutica, ofrecida por profesionales para ayudarles a superar sus traumas. Así también ocurre con las personas que nunca se aceptan tal cómo Dios las creó. Si fortalecieras más tu espíritu y tu alma, nutriéndote con la Palabra buena y refrescante de Dios, te aseguro que lograrías ser más positiva en la vida y podrías ver mejor la grandeza de Dios en ti.

Un obstáculo en esto es la inseguridad. Quizás te preguntes: *¿Qué hago? ¿A dónde voy?* Respira hondo y piensa si conoces a alguien que siempre luce bien. Llama a esa mujer y pídele consejos. También puedes ir a una tienda por departamentos. Casi todas tienen una consultora de moda que puede responder preguntas sobre tus necesidades personales. Recuerda que comprar ropa cara no te hace bella. Lo que hace que tu belleza interior resplandezca es cómo te sientes con respecto a ti misma.

Aprende a buscar las mejores ofertas

La mayoría de las peluquerías que cuentan con estilistas profesionales cobran precios más altos de los que muchas mujeres pueden pagar. Sin embargo, si comienzas a ahorrar para este gasto y haces un poquito de esfuerzo, conseguirás una persona que haga un buen trabajo y cobre un poco más barato. Tú puedes darte el lujo de verte bella. Hace unos años, yo conocí a una joven peluquera que por fin entendió mi cabello. Desde ese entonces me presta sus servicios, y estoy muy contenta con ella. Si estás interesada en renovar tu ropa, no olvides que algunos de esos grandes almacenes con descuento venden ropa de moda a precios muy razonables. Todos los grandes almacenes tienen rebajas varias veces al año, por cambio de inventario o temporada. Sé creativa. Te asombrará saber cuánto se puede hacer con una actitud dispuesta, unida a una meta en la que crees. Así te convertirás en la mejor representante de Cristo.

Tu cuerpo es el templo del Espíritu Santo

Pablo se refirió a nuestro cuerpo como templo del Espíritu Santo: "*¿O ignoráis que vuestro cuerpo es templo del Espíritu Santo, el cual está en vosotros, el cual tenéis de Dios, y que no sois vuestros? Porque habéis sido comprados por precio; glorificad, pues, a Dios en vuestro cuerpo y en vuestro espíritu, los cuales son de Dios*" (1 Corintios 6:19-20). En todas las Escrituras hay referencias a la buena salud. El Señor les dio a los israelitas leyes dietéticas para preservar su salud (Éxodo 15:26) y ahora la ciencia confirma que esas leyes están vinculadas a la medicina preventiva y a una vida larga. Santiago les dijo a los enfermos que fueran a los ancianos de la Iglesia y les pidieran unción con aceite y oración (Santiago 5:14). Salomón afirmó que la sabiduría del Señor era "*medicina a tu cuerpo, y refrigerio para tus huesos*" (Proverbios 3:8). ¿Qué tipo de sabiduría estamos aplicando para cuidar nuestro cuerpo?

La piel sonrojada y el pelo brillante son signos de un cuerpo sano. Cuando una mujer se hace mayor, conservar una buena postura es símbolo de buena salud. Eso no se consigue de la noche a la mañana, sino que es el resultado de muchos años de cuidar el cuerpo. Si eres mayor de 18 años, debes hacerte una mamografía una vez al año o según te lo indique tu médico. La salud dental también es muy importante. Toda persona debería hacerse una limpieza 2 veces al año. Si por alguna razón no tienes seguro médico y no puedes pagar esas consultas, llama a un hospital local, pues alguien te informará dónde conseguir esos servicios. La medicina preventiva es una herramienta que el Señor nos da para mantener una buena salud.

Tenemos que cuidar nuestro cuerpo físico para que nuestro cuerpo espiritual produzca lo máximo para Cristo.

Deberías guardar ciertos principios diarios para mantener la salud. Como madres, somos responsables de la dieta familiar. Vivimos en una sociedad de comidas rápidas, pero esas comidas están llenas se preservantes y otros productos químicos para poder competir con otros alimentos. Nuestros hijos pagan con creces para que las grandes corporaciones tengan buenas ganancias. Hoy en día, las alergias provocadas por los alimentos son más comunes que antes. Aprende a comer de forma adecuada y a tomar decisiones sabias. El consejo omnipresente de beber muchos líquidos diarios no significa tomarse 12 refrescos de dieta. Lo mejor siempre es el agua. Recuerda que lo que te libera es el conocimiento de la verdad. El Dr. Don Colbert escribió libros excelentes sobre la salud y los buenos hábitos alimenticios, como *Walking in Divine Health* (Caminando en salud divina) y *What You Don't Know May Be Killing You* (Lo que no sabes quizás te esté matando). Infórmate con la sabiduría de la Palabra de Dios y de su pueblo.

La Biblia también nos habla del ejercicio físico. Sin embargo, 1 Timoteo 4:8 dice: "*porque el ejercicio corporal para poco es provechoso, pero la piedad para todo aprovecha, pues tiene promesa de esta vida presente, y de la venidera*". El factor más importante que contribuye a tener un cuerpo sano es una buena actitud. Proverbios 17:22 dice que: "*el corazón alegre constituye buen remedio*". Tenemos que aprender a reírnos de nuevo. Tenemos que cuidar nuestro cuerpo físico para que nuestro cuerpo espiritual produzca lo máximo para Cristo.

Tienes un propósito divino

Si quieres alcanzar tu propósito divino, debes recordar algunos requisitos. Primeramente debes obedecer totalmente la voz de Dios. La mejor forma de conocer su voz es leyendo su Palabra y escuchando lo que te dice en oración. Debes también confiar en la fe y no en tus sentimientos. A pesar de lo que sufre una madre cuando muere su hijo(a), su fe en Dios nunca debe fallar. Sin importar la situación, tienes que saber que Dios es demasiado bueno como para ser cruel y demasiado sabio como para cometer errores. Es necesario que seas perseverante. La perseverancia de la que se habla en Efesios 6 implica mantenerse firme hasta el final. Por último, debes actuar con valentía. Tienes que tomar la iniciativa para lograr lo que Dios quiere.

La mujer con el flujo de sangre quería que Jesús la sanara. Sin embargo, ella estaba marginada de la sociedad porque, según la ley, se le consideraba impura. Por ninguna razón ella tenía que haber estado en una reunión pública. Tocar a un rabino para ella implicaba un castigo de muerte, pero ella quería que Jesús la sanara. Cuando obtuvo lo que necesitaba de Dios, el Maestro preguntó: "*¿Quién es el que me ha tocado? Alguien me ha tocado porque yo he conocido que ha salido poder de mí*" (Lucas 8:45,46). A pesar de que podría haber temido por su vida, esta mujer confeso que ella había tocado a Jesús y le dio a la multitud su testimonio de sanidad. Ella no se avergonzó de la dirección de Dios. Actúa en lo que Dios te ha dicho y verás milagros suceder a tu alrededor.

Tú eres muy importante en el Reino de Dios

Al igual que a la reina Ester, Dios te ha escogido para un tiempo como éste. Si tú te rindes a la voluntad de Dios, su propósito prevalecerá en tu vida. El rey Salomón también experimentó esto en su vida: "*Muchos pensamientos hay en el corazón del hombre; más el consejo de Jehová permanecerá*" (Proverbios 19:21). Tu discurso proclamará tu salvación, tus acciones demostrarán tu fe, tus oraciones moverán montañas y tu carácter influirá en otros para Cristo, lo cual es la meta máxima y final de una mujer de Dios. Escucha cómo Jesús te habla directamente por medio de la gran comisión: "*Por tanto, id, y haced discípulos a todas las naciones, bautizándoles en el nombre del Padre, y del Hijo, y del Espíritu Santo; enseñándoles que guarden todas las cosas que os he mandado; y he aquí yo estoy con vosotros todos los días, hasta el fin del mundo*" (Mateo 28:19,20).

¿Te gusta lo que ves cuando te miras en el espejo? La imagen que tenemos de nuestro cuerpo es parte de nuestra imagen total. No obstante, algunas veces nos preocupamos más de nuestra apariencia física y no de quien somos en la cultura de hoy. Somos constantemente atacadas con revistas y comerciales de televisión que dicen que deberíamos lucir de cierta manera. Para las mujeres, la imagen debería ser la de una modelo que es exageradamente delgada. Para los hombres, la presión es mucho menos, pero también se implica que deberían tener una imagen ideal. Solamente el 10% de la población luce como la sociedad nos dice que deberíamos lucir.

Piensa en las experiencias de tu juventud. ¿Qué era lo que determinaba tus pensamientos y sentimientos acerca de tu cuerpo físico? ¿Qué mensajes te has grabado en tu mente acerca de tu apariencia exterior? Las mujeres en nuestra cultura viven bajo mucha presión. Muchos hombres tienen mayores expectativas con referencia a la apariencia de sus esposas o novias que con la de sí mismos. La mayoría de los hombres no se dan cuenta de que la mejor manera de ayudar a una mujer a alcanzar su potencial es apoyándola, aun en aquellas áreas donde ella no es perfecta. Pensemos acerca de la cantidad de tiempo que perdemos buscando la *apariencia (look) del momento*. Una de las cosas que podemos hacer es cambiar nuestro enfoque. Algunos dicen que *la hermosura está en los ojos de los que miran*. Es difícil evitar el constante bombardeo de mensajes que influencian la imagen que tenemos de nosotras mismas. Pese a ello, es esencial que celebremos con gratitud quiénes realmente somos.

Mírate a través de los ojos de Dios

Para alcanzar una perspectiva precisa de quiénes somos, primero debemos crear una imagen saludable de nuestro cuerpo. Esa perspectiva está en nuestras manos o, más bien, en nuestra mente. Seamos honestas, no todas terminaremos luciendo como Cindy Crawford o como una modelo de *Victoria's Secret*. Eso es un asunto de genética. Algunas de nosotras luchamos por añadirle a nuestro cuerpo cuatro o cinco pulgadas de altura, pero esto es imposible, al menos sin usar zapatos de taco alto. ¿Por qué siempre tratamos de lucir un tipo de cuerpo que no es a nuestra medida? ¿Has tratado alguna vez de motivarte a perder peso poniendo fotos de mujeres delgadas en tu nevera? O tal vez has ido un paso más lejos y has puesto tu cara encima de esa foto. Para crear una imagen de tu cuerpo sana y santa, debes mirarte desde la perspectiva de Dios y no desde la del mundo. Tienes que tomar la decisión de invertir tiempo y energía en pensar de una manera diferente.

Mira a tu alrededor. ¿Cuántas de las personas que ves son perfectas, de acuerdo a las normas de hoy? No muchas. Sólo imagínate si en los próximos cinco años no miraras una revista, periódico o catálogo. ¿Qué pasaría si no vieras la televisión ni tan siquiera un minuto? ¿Cuáles serían tus expectativas físicas acerca de ti misma? Se te haría más fácil aceptar y celebrar tu cuerpo y apariencia si paras de compararte con las normas irrealistas que la sociedad actual ha establecido. Muchas mujeres no se miran a sí mismas como perfectas y se vuelven obsesivas con lo que ellas creen que son sus defectos. Cuando la imagen que tienes en tu mente de tu cuerpo está dañada, es bien difícil aceptar el diseño de Dios para ti. No estamos diciendo que es malo desear tener un cuerpo en buena forma. La clave es hacer las cosas bien hechas, hacer ejercicio, tener una buena alimentación y aceptar los resultados con gratitud.

Tu discurso proclamará tu salvación, tus acciones demostrarán tu fe, tus oraciones moverán montañas y tu carácter influirá en otros para Cristo, lo cual es la meta máxima y final de una mujer de Dios.

Creada a la imagen de Dios

Muchas de nosotras no nos miramos realísticamente. Sin importar cuánto peso perdamos, siempre vemos a una mujer gorda en el espejo. Aunque nos compremos ropa nueva o tengamos todas las ayudas de belleza, nunca estamos satisfechas. Esta falta de contentamiento viene de un sentimiento profundo y enfermizo. Fueron muchos los mensajes distorsionados que recibiste para desarrollar estas imágenes destructivas acerca de tu cuerpo, así que necesitarás muchos mensajes saludables y positivos para que puedas borrarlos y reemplazarlos.

Así como en todas las áreas de la vida, es esencial hacer un análisis real para que puedas continuar. ¿Crees que Dios te hizo a su semejanza? La meta de un cristiano sólido debe ser crear una imagen permanente de confianza en Dios, y puedes lograrlo aprendiendo a mirarte a través de los ojos de tu Creador. Si haces un inventario de tus actitudes, podrás identificar tus malos pensamientos y someterlos a Dios. Pídele a Él que te ayude a rechazar esas falsedades y agárrate de la verdad de quién tú eres en Cristo: físicamente, emocionalmente, intelectualmente y espiritualmente. Tienes que identificar cualquier actitud negativa que dañe la habilidad de verte en realidad como Dios te ve.

Todas tenemos áreas fuertes y áreas débiles. Ya has aprendido que tu habilidad para establecer metas saludables depende de lo que tú crees de ti misma. Cambia los mensajes negativos que has recibido llenándote de la verdad. Primeramente, enfócate en aprender a mirarte a ti misma a través de la perspectiva de Dios. Él te ve como una persona completa en cuerpo, alma y espíritu. Él se preocupa más de quién eres tú internamente, pero Él no quiere que te olvides de tu cuerpo. Ora para que Él te dé una perspectiva correcta y un espíritu agradecido.

Qué les pasa a las personas bonitas

Es fácil entender por qué la belleza es tan importante para nosotras, y estamos alertas de las imágenes interminables que reflejan su significado. Varias investigaciones nos revelan que la "gente bonita" recibe más atención, tiene más oportunidades de obtener un mejor trabajo con mejor remuneración y un montón de otros privilegios que la "gente normal" no recibe. Sin embargo, no debes darle el énfasis radical a las apariencias exteriores. Depende de ti desarrollar una perspectiva correcta.

Puede ser que Dios te haya dado "belleza", de acuerdo a las normas del mundo, o puede ser que no. Sea como sea, tenemos que darnos cuenta de que somos bendecidas en diferentes maneras, con atributos humanos y regalos espirituales. Es nuestra perspectiva humana la que ha cambiado nuestra percepción de lo que realmente tiene valor. Muchas mujeres que son atractivas, de acuerdo a las normas de ahora, confiesan que es una bendición y también una maldición tener belleza física. Puede ser frustrante ver que las puertas se abren o se cierran dependiendo de tu apariencia. Tenemos que darnos cuenta que esto posiblemente nunca cambiará, pero es nuestro trabajo cambiar nuestro pensamiento conforme a la verdad.

La belleza y la Biblia

No hay ningún mensaje en la Biblia que nos diga que tenemos que vernos bonitas o flacas para honrar a Dios. Sin embargo, muchas referencias son hechas a cerca de nuestro interior y de nuestro corazón. 1 Pedro 3:3,4 dice: "*Vuestro atavío no sea el externo de peinados ostentosos, de adornos de oro o de vestidos lujosos, sino el interno, el del corazón, en el incorruptible ornato de un espíritu afable y apacible, que es de grande estima delante de Dios*".

Hay momentos en los que Dios usa la belleza para su propio propósito. Ester, quien se dice que era *"bonita de forma y rostro"*, fue escogida entre muchas vírgenes jóvenes y atractivas para reemplazar a la reina Vashti. Mientras la belleza de Ester le abría puertas, esa no era fortaleza. Su carácter y su amor por la gente era lo más memorable en ella. Ester estaba dispuesta a dar la vida por su pueblo. En Ester 4:14, su tío Mardoqueo le pregunta: *"¿Y quién sabe si para esta hora has llegado al reino?"* Ester se presentó delante del rey declarando valientemente: *"y si perezco, que perezca"*. No importando cual sea la vista de la sociedad, el autor de Proverbios 11:22 pone la belleza en perspectiva cuando escribe: *"Como zarcillo de oro en el hocico de un cerdo, es la mujer hermosa y apartada de razón"*. Como mujeres viviendo en una sociedad donde se pone mucho énfasis en la belleza externa, debiéramos cambiar nuestra respuesta a: *Belleza es lo que la belleza hace.* Si creemos la mentira de que no tenemos tanto valor y si caemos en una cierta categoría de belleza, entonces estamos viviendo una vida constreñida a las normas del mundo.

La belleza interna - la más importante

Estoy segura de que has conocido a gente bonita en tu vida. Algunas tienen belleza interna y otras tienen belleza externa. Algunas son atractivas por lo que tienen en lo exterior solamente, y por eso, cuando las llegas a conocer ya no te llaman la atención como lo hacían antes, ya que lo externo se gasta y se acaba. ¿Te has preguntado, cómo te sentirías si algún día lucirías como crees que es ideal para ti? ¿Crees que verdaderamente estarías satisfecha? Si te sientes arruinada por la posibilidad de que nunca cambiarás, no podrás vivir en el ahora completamente. Esto no quiere decir que no debes tener el deseo de mejorarte para cambiar. Por el contrario, esto es para que todos tus objetivos del futuro sean balanceados con una perspectiva saludable de quién tú eres. Haciéndolo de otra manera, empequeñeces tu habilidad para celebrar y vivir en el momento.

Tienes que rendir tu imagen propia a Dios y pedirle que te ayude a identificar las mentiras que ahora crees. Así podrás reemplazar esas mentiras con verdades de la Palabra de Dios. Imagina que no tuvieras acceso a la televisión, las películas, o revistas por un año entero. En vez de todo eso, estarías invadida con imágenes de cómo Dios te ve, y la perspectiva de tu propia belleza cambiaría dramáticamente. Así que toma cada día para estar en los brazos de tu Padre Celestial y pídele que te ayude para verte correctamente.

IX

Mujer de excelencia

Una buena acción nunca es una perdida; quien planta cortesía recoge amistad, y quien planta amabilidad recoge amor.

La excelencia: Un mandato bíblico

"*Añadid a vuestra fe, virtud...*" (2 Pedro 1:5). La palabra '*virtud*' quiere decir '*excelencia*'. En otras palabras, Pedro nos manda a añadir a nuestra fe la excelencia en todo lo que hacemos. La excelencia es lo opuesto a una actitud de mediocridad. El apóstol Pablo dice: "*Y todo lo que hagáis, hacedlo de corazón, como para el Señor y no para los hombres*" (Colosenses 3:23). Si vamos a hacer algo para el Señor, ¿no es lógico que lo hagamos de la mejor manera posible?

¿Sabías que las Escrituras colocan el quejarse o murmurar en la misma categoría de la idolatría y la inmoralidad sexual? Sí leemos en 1 Corintios 10 sobre los pecados más abominables de Israel, por los cuales perecieron en el desierto durante los cuarenta años, básicamente hay tres mayores: la idolatría, la fornicación (que es inmoralidad sexual) y el murmurar. Luego leemos: "*Y estas cosas les acontecieron como ejemplo, y están escritas para amonestarnos a nosotros, a quienes han alcanzado los fines de los siglos*" (v.11). Nosotras tenemos que preguntarnos: ¿me quejo de mi trabajo? Hay millones de personas que están desempleadas. ¿Me quejo de mi esposo? Hay una multitud de mujeres que anhelan tener un esposo. ¿Me quejo de mis hijos, de mis padres, de mi cuerpo, de la economía, de mi salud, de mis amistades, etc.?

La falta de agradecimiento trae esclavitud espiritual.

La ingratitud fue lo que trajo como consecuencia la ira de Dios sobre los israelitas. Él los sacó de la peor esclavitud, del maltrato y de la opresión. Sin embargo, ellos no estaban dispuestos a soportar los problemas menores que venían como parte de su viaje hacia la tierra prometida. Cuando se aburrieron del maná, los israelitas recordaban las cebollas que se comían en Egipto. Ellos literalmente estaban anhelando volver a Egipto. Su anhelo era poder disfrutar de algo que, aunque no era malo, llegó a ser un pecado, porque no pudieron valorar su liberación de la esclavitud. Efectivamente, la falta de agradecimiento trae esclavitud espiritual.

La Biblia dice que en los últimos días, vendrán tiempos peligrosos. Luego, el apóstol Pablo da una lista de cómo será la gente en *aquellos días* (que son los días en los que vivimos hoy): Serán blasfemos, crueles e impíos. Como mencione anteriormente, la gratitud es un hábito que debemos cultivar. Quejarse es un hábito que cultivamos y tiene que ver con nuestra perspectiva de las circunstancias. Cuenta una historia de dos vendedores de zapatos cuya empresa los envió al África para vender el producto. Al llegar ahí, uno de los vendedores envió un telegrama a su jefe, diciendo: *Por favor, envíeme el doble en cantidad. Aquí nadie tiene zapatos*. Sin embargo, el otro vendedor también envió un telegrama a su jefe, diciendo: *Voy de regreso. Aquí no hay mercado porque nadie usa zapatos*. Siempre hay dos maneras de ver la misma situación.

La fórmula perfecta para una mujer de excelencia

Una mujer que camina en la excelencia no malgasta sus fuerzas temiendo a la vejez, ni a la enfermedad, ni a perder a su marido o a algún ser querido. Ella se edifica con las promesas de Dios y su seguridad está primeramente en su Dios, no en su marido. Cualquier ser humano nos puede fallar, pero Dios dijo: "*Yo no te desampararé ni te dejaré*" (Hebreos 13:5). Según los psicólogos cristianos, el desánimo y la depresión son los problemas principales de la mujer. Sin embargo, tú y yo no tenemos que ser sus víctimas. Si nos alimentamos de la Palabra de Dios, podemos superar todo temor, negativismo, complejos y depresiones. En ella podemos encontrar muchas promesas.

* Salvación y seguridad: "*Mas Dios muestra su amor para con nosotros, en que siendo aún pecadores, Cristo murió por nosotros*" (Romanos 5:8).
* Bienestar: "*Bendice, alma mía al Señor... Él es quien perdona todas tus iniquidades, el que sana todas tus dolencias; el que sacia de bien tu boca, de modo que te rejuvenezcas como el águila*" (Salmo 103:2, 3, 5).
* Provisión: "*Mas buscad primeramente el reino de Dios y su justicia, y todas estas cosas os serán añadidas*" (Mateo 6:33).
* Confianza: "*Acerquémonos, pues confiadamente al trono de la gracia, para alcanzar misericordia y hallar gracia para el oportuno socorro*" (Hebreos 4:16). "*Porque no nos ha dado Dios espíritu de cobardía, sino de poder, de amor y de dominio propio*" (2 Timoteo 1:7).
* Compromiso: "*Con Cristo estoy juntamente crucificado, y ya no vivo yo, mas vive Cristo en mí; y lo que ahora vivo en la carne lo vivo en la fe del Hijo de Dios, el cual me amó y se entregó a sí mismo por mí*" (Gálatas 2:20).

  Paz: "*Justificados, pues, por la fe, tenemos paz para con Dios por medio de nuestro Señor Jesucristo*" (Romanos

5:1). *"En paz me acostaré y así mismo dormiré porque sólo tú me haces vivir confiado"* (Salmo 4:8). *"Apártate del mal, y haz el bien: Busca la paz y síguela"* (Salmo 34:14).

Desarrolla un corazón agradecido

Como ya notamos, nuestra naturaleza humana está propensa a murmurar. Mas cuando somos mujeres que amamos a Dios y estamos comprometidas a obedecer su Palabra, viene la transformación de nuestra naturaleza carnal a una espiritual. Esta transformación ocurre por medio de la renovación de nuestro entendimiento. *"No os conforméis a este siglo, sino transformaos por medio de la renovación de vuestro entendimiento"* (Romanos 12:2). En la Biblia Inglesa, este texto dice *"renovación de vuestra mente"*. La mente es como una computadora que ha sido programada para quejarnos y ver el lado negativo de las cosas. Ahora nos toca reprogramar nuestra mente conforme a la Palabra de Dios, la cual nos dice: *"Dad gracias en todo, porque esta es la voluntad de Dios para con vosotros en Cristo Jesús"* (1 Tesalonicenses 5:18). *"Por nada estéis afanosos, sino sean conocidas vuestras peticiones delante de Dios en toda oración y ruego, con acción de gracias"* (Filipenses 4:6).

Nuestras oraciones y peticiones delante de Dios, pidiendo cambios en nosotras mismas y en las circunstancias que nos rodean, necesitan ir acompañadas por acción de gracias, lo cual logramos hacer en el Espíritu. *"Digo, pues: andad en el Espíritu, y no satisfagáis los deseos de la carne"* (Gálatas 5:16). *'Andar'* es un verbo, lo cual implica una acción. El Espíritu Santo mora en cada creyente (Romanos 8:9) y nos da el poder de vivir conforme a su voluntad. Sin embargo, hay una parte que nos toca a nosotras y es la de decidir alimentar la naturaleza nueva y crucificar la antigua. Aquí te ofrezco una lista breve de bendiciones por las cuales puedes vivir agradecida:

* Porque "*Jesucristo nos amó y nos lavó de nuestros pecados con su sangre*" (Apocalipsis 1:5).
* Porque "*por gracia sois salvos por medio de la fe; y esto no de vosotros, pues es don de Dios; no por obras para que nadie se gloríe*" (Efesios 2:8,9).
* Porque "*Cristo está a la diestra de Dios intercediendo por nosotros*" (Romanos 8:34).
* Porque "*el Espíritu nos ayuda en nuestra debilidad; pues qué hemos de pedir como conviene, no lo sabemos, pero el Espíritu mismo intercede por nosotros con gemidos indecibles*" (Romanos 8:26).
* "*Porque no tenemos un sumo sacerdote que no pueda compadecerse de nuestras debilidades, sino uno que fue tentado en todo según nuestra semejanza, pero sin pecado. Acerquémonos, pues, confiadamente al trono de la gracia, para alcanzar misericordia y hallar gracia para el oportuno socorro*" (Hebreos 4:15,16).
* Porque nuestros líderes espirituales que nos enseñan la Palabra y porque tenemos por toda unanuestra familia espiritual. "*Acordaos de vuestros pastores, que os hablaron la Palabra de Dios; considerad cuál haya sido el resultado de su conducta, e imitad su fe*" (Hebreos 13:7).

Si empezáramos cada día dando gracias por estas riquezas espirituales, las cuales son verdades y jamás cambiarán, entonces veríamos nuestras circunstancias y todo lo que nos rodea desde otra perspectiva.

La falta de gratitud de las personas es una de las principales causas de resentimiento, conflictos familiares y aun de enfermedades emocionales.

María Magdalena: Una mujer agradecida

No sabemos mucho acerca de la vida pasada de María Magdalena. No sabemos cómo se convirtió, no sabemos nada de su familia ni tampoco cuál era su profesión. Lo único que leemos de ella es que fue liberada de siete demonios (Lucas 8:2). Como el número siete significa completo, podemos imaginar que María Magdalena había sido una mujer totalmente cautivada por las fuerzas del maligno. Los demonios le habían robado su capacidad de vivir una vida feliz y normal. Ella estaba poseída por demonios de índole sexual como la lujuria y la lascivia, ya que había sido una prostituta. Ella había perdido el control de sus emociones y de una mente sana y vivía constantemente atormentada. Su vida destruida había sido transformada al ser liberada por Jesús, y ella vivía agradecida de Él, de tal manera que pasaba su vida sirviéndole. Ella estuvo presente, juntamente con otras mujeres, durante la pasión de Jesús y frente a la cruz. ¡Qué dichosa mujer! Dios la escogió para ser la primera testigo de su resurrección y para anunciarla a los demás.

Cultivando el arte del agradecimiento

Indudablemente, la falta de gratitud de las personas es una de las principales causas de resentimiento, conflictos familiares y aun de enfermedades emocionales. Pídele perdón a Dios por tu falta de gratitud hacia los que te rodean. Cierta mujer se estaba quejando constantemente de los problemas con su hijo, quien estaba pasando por los desajustes de carácter y temperamento típicos de la adolescencia. Entonces una compañera la interrumpió y le dijo: *Yo daría cualquier cosa por cambiar los problemas que tú tienes con tu hijo malcriado, por los problemas que yo he tenido desde que a mi hija le diagnosticaron cáncer.*

Es necesario que dejes la queja y cultives el hábito de agradecer. Expresa gratitud a tu esposo, a tus padres, a tus hijos, a tus empleados o a cualquier persona bajo tu liderazgo. Cuando sientas que dicha persona está bajando su rendimiento, unas palabras de gratitud servirán más que una inyección de vitaminas. También aprende a dar gracias a las personas en autoridad, como tus líderes espirituales, tus jefes en el trabajo o los maestros y directores de la escuela de tus hijos. No sólo debes agradecer por cosas específicas y concretas, también lo puedes hacer por una sonrisa que siempre te levanta, por los sabios consejos que siempre te dan, etc.

La gente aprende a dar gracias por el ejemplo que ven. Tómalo como una práctica diaria, si es posible. Enseña a tus hijos a agradecer por todo lo que reciben. Algunas familias tienen como costumbre que los hijos, antes de levantarse de la mesa, agradezcan tanto a su mamá como a su papá por los alimentos. Cultiva el hábito de usar tarjetas de agradecimiento, lo cual es un arte que se está perdiendo. No es necesario comprar una tarjeta cara. Hasta una notita escrita a mano en una hoja de cuaderno puede causar una gran diferencia en la vida de una persona.

No importa cuál haya sido tú pasado, si tuviste una vida promiscua, hundida en los vicios, o si sencillamente eras una mujer "decente" y "buena". Todas debemos vivir agradecidas por la sangre de Jesús que nos ha limpiado y porque nuestros nombres están escritos en el libro de la vida. En muchas ocasiones, los afanes de la vida nos ahogan y vamos poco a poco perdiendo los buenos hábitos. Esto no debe ser la regla. Siempre hay un buen momento para reflexionar y corregirse. Hoy mismo puedes comenzar a agradecer a alguien por algo que recuerdes. Hazlo sobre todo para tu propia salud emocional y se convertirá en un deleite.

Debes nacer de la Palabra

En siglos pasados, hubo una enfermedad misteriosa que parecía aquejar a las personas que viajaban en barco por largos períodos de tiempo, especialmente durante el invierno. Para comenzar, perdían su pelo, pero luego se iban debilitando poco a poco hasta quedar sin fuerza alguna. Esta enfermedad confundía a los médicos porque era muy generalizada y ocurría en personas supuestamente sanas. Con el tiempo, fueron descubriendo la raíz del problema: A causa de que viajaban por largos períodos de tiempo, su alimentación se limitaba prácticamente a galletitas saladas y carne seca. No comían vegetales o frutas y era precisamente la falta de frutas cítricas, como los limones y las naranjas, la que provocaba esa enfermedad.

En este siglo, sobre todo en las últimas décadas, ha habido un aumento del conocimiento en cuanto a la sana nutrición. Conocemos los alimentos que nos proveen ciertas vitaminas y minerales y cómo cada uno de éstos obra a favor de nuestro cuerpo. Sin embargo, en los países donde hay hambruna, tristemente observamos los estragos de quienes no comen bien: Niños esqueléticos con estómagos inflados, piel y pelo descolorido, que poco a poco se van debilitando hasta morir. Indudablemente, el alimento correcto es necesario para el sano desarrollo del cuerpo físico. De igual manera, existe un alimento espiritual que todos necesitamos para nuestra vida y crecimiento: la Palabra de Dios.

Transformadoras de esta sociedad

Urge que más mujeres de Dios sean agentes de cambio en este mundo. No es necesario que seamos mujeres contenciosas, varoniles ni agresivas para lograr impactar a la gente en la sociedad. Podemos lograr coas más grandes siendo mujeres tiernas y femeninas, pero con un firme compromiso para hacer la voluntad perfecta de Dios. No podemos darnos el lujo de ser mujeres pasivas ni tampoco de ser muy conformistas. Nuestros hijos no viven en la misma clase de ambiente en el cual nosotras crecimos. Ellos enfrentan otros problemas, como el sida, el aborto, la homosexualidad, el aumento del consumo de drogas, el satanismo, etc. Es por eso que hay una epidemia de suicidios en la juventud moderna. El índice de embarazos en niñas adolescentes está aumentando de forma alarmante. Nuestros jóvenes experimentan presiones que no podemos imaginar. Al ver los graves problemas que hay en nuestra sociedad, podemos enterrar nuestras cabezas en la arena y decir: *Esto no me afecta a mí*, podemos frotarnos las manos con desesperación y sólo lamentar la situación, o mejor aún, podemos levantarnos con la ayuda de Dios y ser mujeres que transformen su mundo.

Nuestro concepto de Dios es la base de todo lo que somos y de todo lo que creemos.

Dios toma la iniciativa

De una manera parecida, Dios ha tomado la iniciativa de revelarse Él mismo a nosotros. Lo ha hecho porque Él desea que lo conozcamos. Esto es algo maravilloso, pero muchas personas no se dan cuenta de esto y ni siquiera piensan que sea posible conocerlo. La Palabra de Dios nos dice: "*Así dijo el Señor: No se alabe el sabio en su sabiduría, ni en su valentía se alabe el valiente, ni el rico se alabe en sus riquezas. Mas alábese en esto el que se hubiere de alabar: en entenderme y conocerme, que yo soy el Señor, que hago misericordia, juicio y justicia en la tierra; porque estas cosas quiero, dice el Señor*" (Jeremías 9:23,24). Dios quiere que tú le conozcas a Él. Cuando logras entender esto, tu plática favorita y tu mayor motivo de sentirte realizada no serán tu dinero, tu posición social o tu buena educación, sino el conocerle a Él. Dios ha tomado la iniciativa y se ha revelado a nosotros por medio de la creación, por medio de su Hijo Jesucristo, a través de las Escrituras y por medio de nuestra conciencia.

Dios revelado en la creación

Lo único que tenemos que hacer para darnos cuenta de que hay un Dios, es abrir nuestros ojos y ver la creación. David, el salmista de Israel, lo expresó así: "*Los cielos cuentan la gloria de Dios, y el firmamento anuncia la obra de sus manos*" (Salmos 19:1).

Dios revelado en las Escrituras

Nuestro concepto de Dios es la base de todo lo que somos y de todo lo que creemos. La mayoría de nosotras, si no todas, hemos crecido con conceptos erróneos a cerca de Dios. El percibirlo de una manera equivocada afectará negativamente todas las áreas de nuestra vida. Probablemente has tenido el concepto de un Dios lejano, severo, pasivo, duro o desinteresado, pero no el de un Dios personal, que ama a sus hijos con un amor incondicional. Sin embargo, las Sagradas Escrituras le revelan así. La parábola del hijo pródigo es uno de los cuadros más hermosos de Dios y su amor para con nosotros. El hijo que abandonó su hogar y desperdició toda su herencia, terminando en el corral con los cerdos, es un dibujo de cada uno de nosotros cuando vivimos en nuestros pecados. Pero, ¿cuál fue la reacción del padre? "*Y cuando aún estaba lejos, lo vio su padre, y fue movido a misericordia, y corrió, y se echó sobre su cuello, y le besó*" (Lucas 15:20). El padre salió corriendo al encuentro de su hijo, lo abrazó y lo besó. Este debe ser el concepto que tú tengas de Dios.

Nadie nunca ha visto a Dios, pero podemos saber exactamente cómo Él es al mirar a Jesucristo.

Dios revelado en su Hijo

Dios abandonó su hogar en la gloria, bajó a la tierra y vivió entre nosotros, para que pudiéramos conocerlo. Él se preparó un cuerpo para sí mismo en el cual vivir. Lo llamaron *'Emmanuel,'* que significa *'Dios con nosotros,'* pero lo llegaron a conocer con el nombre de Jesús de Nazaret (Mateo 1:23-25). Al acercarse al fin de su vida, la cual duró 33 años, uno de los discípulos de Jesús, llamado Felipe, le dijo: "*'Señor, muéstranos al Padre y nos basta'. Jesús le contestó: '¿Hace tanto tiempo que estoy con vosotros y no me has conocido, Felipe? El que me ha visto a mí ha visto al Padre; ¿Cómo, pues, dices tú: Muéstranos al Padre?'*" (Juan 14:8,9). Nadie nunca ha visto a Dios, pero podemos saber exactamente cómo Él es al mirar a Jesucristo. Tú puedes también tener este privilegio.

X

Jesús y la mujer

"He aquí que tu eres hermosa, amiga mía;
he aquí que tu eres hermosa;
Tus ojos entre tus quejadas como de paloma;
Tus cabellos como manadas de cabras
que se recuestan en las laderas de Galaad."
(Cantares 4:1)

Es ya suficientemente conocida la preocupación de Jesús por todas las personas cuya vida se encontraba excluida. Entre los grupos marginados que existían y eran controlados por el poder religioso y civil, estaban las mujeres y los niños como seres desvalorizados, moral y económicamente. Estos grupos no contaban para nada en la sociedad religiosa o civil. El hecho de que Jesús los escogiera, los acogiera, los amara, los sanara y los tratara con respeto y dignidad, nos demuestra lo valiosas que son estas personas ante los ojos de Dios. Jesús nos demuestra, por medio de su modo de relacionarse en igualdad con todos los seres humanos (hombres, mujeres, niños y ancianos), lo que significa tener vida en abundancia y en plenitud (Juan 10:10). Personalmente siento pasión por los ministerios de la mujer, de los niños y de los ancianos, porque en todas las épocas es muy notoria la falta de atención hacia ellos.

El rito de pertenencia a la religión judaica era masculino (la circuncisión), por eso, para la religión (alianza con Dios), la mujer no contaba. Si en una asamblea había 10 mujeres y 1 hombre, ésta no se realizaba, porque para llevar a cabo una ceremonia religiosa, era necesaria la presencia de un mínimo de 10 hombres. El patio del templo reservado para las mujeres estaba por fuera y separado. La mujer era considerada como un objeto, propiedad del padre o del marido. Socialmente la mujer no servía como testigo, igual que los niños y los esclavos. Todo esto surgía desde el preconcepto de que la mujer era una gran pecadora porque pecó primero, llevó al hombre al pecado y fue creada después y a partir del hombre. No olvidemos tampoco la discriminación en relación a su condición de mujer y los preceptos de purificación. Puede decirse que la mujer, en la época de Jesús, era un ser agobiado, postrado y marginado.

En el relato de la sanidad de la suegra de Pedro, Jesús se aproxima a ella, la toma de la mano y le ayuda a levantarse para que se ponga de pie. Esas tres acciones, aproximarse, tomarla de las manos, ayudarla a levantarse, demuestran una actitud activa de la recuperación de un ser humano que de alguna manera estaba deshumanizado. En el caso de la mujer del flujo de sangre, Jesús, dejándose tocar por ella, quien además era impura, demuestra la compasión por parte de nuestro Creador. De esta forma, Él redime al género femenino de la opresión simbólica de Eva, la pecadora. Esa historia está probablemente relacionada con el relato de la sanidad de la hija de Jairo, y las dos pueden ser una crítica de Jesús hacia el sistema de impureza ritual al que eran sometidas las mujeres (Marcos 5:21-43; Mateo 9:18-23; Lucas 8:40-56). Continuando nuestra búsqueda por el Evangelio de Marcos, un poco más adelante nos cuenta a cerca de la sanidad de la hija de la sirofenicia (Marcos 7:24-30; Mateo 15:21-28). Es importante saber que en el tiempo de Jesús, una mujer no podía hablar en la calle con un hombre, pero este relato nos presenta a esta extranjera (doblemente despreciada por ser mujer y por ser pagana) dialogando con Jesús y buscando convencerlo, a pesar de que Jesús se rehúsa a sanar a su hija, diciendo que Él ha venido para las ovejas de Israel. La mujer, firme y persuasiva, pondera: *Los perros comen bajo la mesa de las migajas de los hijos.* Jesús se rinde ante el argumento y sana a su hija. El objetivo de esta mujer era abrir un futuro de integridad y libertad para su hija, y termina labrando ese mismo futuro para los gentiles.

El siguiente punto de humanización de la mujer que Marcos nos presenta, es una polémica con respecto al matrimonio, en la que Jesús entra para proteger a la mujer. Estudiosos de la época nos revelan que las leyes protegían únicamente a los hombres y que se podía repudiar a las mujeres por los motivos más insignificantes. Jesús de muchos modos revolucionó su tiempo para nosotras, las mujeres. Jesús descubrió a las mujeres como seres con dignidad, como hijas amadas de Dios y abrió camino a su participación en la comunidad. A través de la historia del mundo, la dominación y aun explotación de la mujer ha sido un hecho, especialmente en culturas no cristianas. En algunos países la mujer todavía es considerada como una propiedad, a veces dándole menos valor del que se le da a un animal.

Consideremos lo siguiente: Jesús nació en Israel en el primer siglo de nuestra era, en medio de un pueblo que tenía en poco a la mujer. El hombre judío cuestionaba el valor de una mujer en la sociedad, y a ella le fue negado el respeto y los privilegios en la política, en el matrimonio, en la educación y en los negocios. Se puede decir que la mujer no era más que un objeto sexual. Era tanto el desprecio para la mujer en los días de Jesús que, según la historia, un comerciante judío no quería dar cambio de monedas en la mano de una mujer, simplemente por temor a tocarla y contaminarse. Sin embargo, al sanarles Jesús tocaba a mujeres y a hombres por igual. Las mujeres judías no recibían educación, pero Jesús enseñaba igualmente a hombres y mujeres.

Jesucristo fue verdaderamente el Libertador y Amigo de la mujer y lo seguirá siendo

En varias ocasiones, Jesús reveló verdades importantes primeramente a mujeres. La verdad de la resurrección, sobre la cual descansa la fe cristiana, le fue revelada primeramente a una mujer. Lucas 8:1-3 nos dice que a Jesús le seguían en el camino sus discípulos y muchas mujeres que habían encontrado nueva vida en Él. Los hombres que seguían a Jesús, es decir, sus discípulos, también cambiaron sus actitudes hacia la mujer. Después de la resurrección y la ascensión al cielo, las mujeres, juntamente con los hombres, esperaban en el aposento alto para ser llenos del Espíritu Santo, y ellas recibieron el Espíritu al igual que los hombres. Jesucristo fue verdaderamente el Libertador y Amigo de la mujer y lo seguirá siendo. Él quiere convertirse en tu Amigo.

La clave para la verdadera riqueza

Lidia era una mujer que reconoció que le faltaba lo más importante. Ella era una mujer con un buen negocio, una casa amplia y una buena familia. Sin embargo, ella reconoció su gran necesidad de Cristo: "*Entonces una mujer llamada Lidia, vendedora de púrpura, de la ciudad de Tiatira, que adoraba a Dios, estaba oyendo; y el Señor abrió el corazón de ella para que estuviese atenta a lo que Pablo decía. Y cuando fue bautizada, y su familia, nos rogó diciendo: Si habéis juzgado que yo sea fiel al Señor, entrad en mi casa y posad. Y nos obligó a quedarnos*" (Hechos 16:14,15). En los tiempos bíblicos, no había muchas telas para escoger para la ropa que se usaba y estas generalmente eran de pocos colores y muy neutrales. La púrpura, entonces llamada así por su color, era una tela que sólo podían costear los ricos y los nobles. Así que Lidia, quien comerciaba con ésta tela, tiene que haber sido una mujer pudiente. No obstante, ella reconoció que tenía un vacío espiritual y que sólo Jesús podía llenarlo. Es muy posible que ella ayudara a mucha gente pobre con su dinero. Sin embargo, de alguna manera, ella entendía que por ser generosa no iba a ser salva. Jesús quiere hacer lo mismo contigo. Él quiere ayudarte en tu necesidad, no importa de la índole que sea.

Lo único que llena el vacío

El conocer a Cristo es lo máximo en esta vida y es la única manera de llegar al cielo. Entonces, ¿cómo llegar a conocer a Dios? El primer requisito, que parece el más difícil para muchos, es que dejemos de intentar buscarle a nuestra propia manera. Tenemos que buscarle y conocerle a su manera, la cual es establecer una relación con Él por medio de su Hijo. Jesús dijo: *"Yo soy el camino, y la verdad y la vida, nadie viene al Padre sino por mí"* (Juan 14:6). También dijo: *"Esta es la vida eterna, que te conozcan a ti, el único Dios verdadero, y a Jesucristo, a quien has enviado"* (Juan 17:3). Una mujer puede alcanzar muchos logros en la vida, puede tener una carrera destacada, un esposo que la ame, unos hijos preciosos, una casa elegante, una cuenta bancaria que da envidia, y aún más, pero si ella no tiene una relación personal con su Creador, a través de Jesús, si ella no puede decir que conoce a Dios, es una mujer pobre. ¡Le falta lo más importante en la vida! El apóstol Pablo dijo: *"Aun estimo todas las cosas como pérdida por la excelencia del conocimiento de Cristo Jesús, mi Señor, por amor del cual lo he perdido todo, y lo tengo por basura, para ganar a Cristo"* (Filipenses 3:8).

Solo el comienzo

Al reflexionar sobre la historia de Lidia, la vendedora de púrpura, notamos que no se conformó con sólo decir que había aceptado a Jesús, sino que mostró, por su obediencia, que Él era el Señor de su vida. Su primer acto de obediencia fue que ella inmediatamente se bautizó, juntamente con su familia (Marcos 16:15,16). Esto denota un acto de verdadero arrepentimiento y conversión genuina, no sólo para ella, sino para su familia también. Cuando llega Jesús al corazón de una persona, ésta busca más la comunión con otros cristianos. Lidia obligó a Pablo y a sus compañeros a quedarse en su casa. ¡Cuánta hambre espiritual tenía esa mujer! Ella procuraba estar con personas que le podían enseñar más de Jesús. Dios no es sólo una fuerza grande en el universo. Él es una persona que desea caminar y convivir diariamente contigo.

Uno puede vivir dentro de cierta casa y no conocer al dueño de la casa. Hay mucha gente que va a un edificio o templo religioso todos los días o cuando menos una vez por semana, sin conocer al Dueño, es decir a Dios. La mujer de excelencia es una mujer cuyos ojos brillan, cuyo corazón canta y cuya cara sonríe porque sabe que Cristo murió por sus pecados. Ella entiende que tiene perdón sólo a través del sacrificio del Hijo de Dios y no por sus propias obras. Por haber aceptado a Cristo como su Salvador y Señor, ella tiene paz y tranquilidad, ya no siente temor a la muerte y comprende que "*el que tiene al Hijo, tiene la vida*" (1 Juan 5:12).

El aceptarte a ti misma es la clave más importante para aceptar a otros.

Acéptate a ti misma

No hay nada que destruya más tu habilidad de ser una mujer creativa y una mujer que sabe convivir con los demás, como el creer que eres de poco valor. El aceptarte a ti misma es la clave más importante para aceptar a otros. Lo que pensemos de nosotras mismas influirá en todas nuestras acciones y actitudes hacia los demás. Un conocido psicólogo cristiano dijo lo siguiente: *Si yo pudiera darle una receta a cada mujer del mundo, sería: Una dosis grande de autoestima y valor personal, tomada tres veces al día, hasta que los síntomas desaparezcan*. No dudo de que ésta sea la mayor necesidad de la mujer.

Lo que piensa Dios de ti

El primer paso para tener esa buena autoestima es saber lo que Dios piensa de ti y lograr aceptarlo. Si verdaderamente aceptas la evaluación de Dios, el Creador del universo, puedes levantar tu cabeza con dignidad y saber que eres de gran valor. Dios nos revela en su Palabra lo que piensa de nosotros. *"Porque somos hechura suya, creados en Cristo Jesús para buenas obras, las cuales Dios preparó de antemano para que anduviésemos en ellas"* (Efesios 2:10). *"Y serán para mí especial tesoro (los que temen al Señor)"* (Malaquías 3:17). *"De modo que, si alguno está en Cristo, nueva criatura es; las cosas viejas pasaron, he aquí que todas son hechas nuevas"* (2 Corintios 5:17). Estar en Cristo significa que uno se convierte a Él y que vive para Él. ¡Imagínate! Dios dice que los que están en Cristo son *aceptados en el Amado, hechura suya (obra maestra), especial tesoro y nuevas criaturas*.

Siendo que Dios mismo, nuestro Creador, nos ha dado tanto valor, ¿quiénes somos para despreciarnos a nosotras mismas? Podemos vencer el rechazo o el desprecio de otros, aun el de nuestra familia, cuando estamos seguras de la aceptación de nuestro Padre Celestial. Podemos tener una buena autoestima basándonos en su aceptación. Es necesario aclarar una cosa: Amarse a sí misma no es egoísmo. Cristo nos enseñó a amar al prójimo como a nosotros mismos. El egoísmo y el egocentrismo producen fruto negativo, mientras el amarse a sí mismo produce un fruto positivo.

Dos hermanas muy diferentes

En una historia bíblica muy conocida, aprendemos de dos hermanas, María y Marta, con caracteres diferentes pero ambas útiles al Señor. Estas dos, juntamente con su hermano Lázaro, compartían un hogar al que Jesús le gustaba mucho visitar. En los relatos que se hablan de Marta y María, es evidente que eran muy diferentes en cuanto a su carácter. Leamos el pasaje más conocido: "*...y una mujer llamada Marta le recibió (a Jesús) en su casa. Esta tenía una hermana que se llamaba María, la cual, sentándose a los pies de Jesús, oía su palabra. Pero Marta se preocupaba con muchos quehaceres y acercándose, dijo: 'Señor, ¿no te da cuidado que mi hermana me deje servir sola? Dile, pues, que me ayude.' Respondiendo Jesús le dijo: 'Marta, Marta, afanada y turbada estás con muchas cosas. Pero sólo una cosa es necesaria; y María ha escogido la buena parte, la cual no le será quitada'*" (Lucas 10:38-42).

Marta

Es verdad que Jesús le llamó la atención a Marta, pero no creo que lo hizo con un tono de voz de regaño, sino de compasión. Imaginémonos cómo fue el escenario aquella tarde. Probablemente al oír Marta la noticia de que Jesús iba a llegar pronto a su casa y como le fascinaba atender a sus huéspedes, decidió preparar una comida muy elegante. Así que ella empezó a dar órdenes a María para que le ayude a preparar unas botanas y una limonada. Quizás María, al servir la limonada, se quedó en la sala y se sentó a los pies del Maestro, porque no quería perderse ni una palabra de lo que Él estaba compartiendo. En eso entró Marta, ya afanada con los muchos quehaceres, esperando que Jesús la comprendiera y despachara a su hermana a la cocina para ayudarla. Pero en vez de comprenderla, Jesús le dice: "*Marta, Marta. Afanada estás con muchas cosas*". Era cuestión de prioridades. Con Jesús en la casa, no había tiempo para preparar una comida demasiado elegante. Era tiempo de servir algo rápido y sencillo para tener el tiempo máximo para sentarse y disfrutar la presencia de un visitante tan especial.

Posiblemente después de este día, Marta examinó más de cerca sus prioridades y reconoció que no era necesario gastar tanta energía y tanto esfuerzo en cosas pasajeras. Quizás necesitamos reevaluar nuestras prioridades. ¿Estamos invirtiendo nuestro tiempo en lo que es realmente importante? Vemos a Marta muy afanada con demasiadas preparaciones, por lo que Jesús le llamó la atención. Pero, ¿dejó ella de servir después de ese día? Leemos más adelante: "*...y le hicieron allí una cena; Marta servía...*" (Juan 12:2). Marta tenía un don de hospitalidad y ella siguió sirviendo, aun después del relato de Lucas 10. Ella no tuvo que cambiar su personalidad ni abandonar sus dones. Lo que tuvo que hacer fue ajustar sus prioridades y traer sus dones bajo el señorío de Jesús.

María

En esa misma cena donde Marta servía, se dice que María "*tomó una libra de perfume de nardo puro, de mucho precio, y ungió los pies de Jesús, y los enjugó con sus cabellos; y la casa se llenó del olor del perfume*" (Juan 12:3). María derramó su amor sobre Jesús, ungiendo sus pies con un perfume de gran valor. Ella fue una adoradora que tuvo gran hambre espiritual. Para ella era más importante sentarse y oír las palabras de Jesús que pensar en la comida. No podemos olvidar que aquella tarde, cuando Jesús y sus discípulos llegaban a la casa de Marta,

María y Lázaro, María se sentó a los pies del Maestro y Él declaró que ella había *"escogido la mejor parte"*.

Dudo mucho que María fuera una mujer que nunca ayudaba ni servía. Ella muy probablemente compartía responsabilidades en el hogar con Marta. Sin embargo, es evidente que ella sí tenía más sensibilidad en cuanto a las cosas espirituales. Los estudiosos de la Biblia dicen que María fue de las pocas personas que comprendieron lo que le iba a suceder a Jesús, debido a que ella pasó tiempo escuchándolo. Cuando ella derramó su perfume a los pies de Jesús, Él dijo: *"para mi sepultura ha guardado esto"*. María sabía cómo aprovechar al máximo los momentos especiales. Ella era una mujer reflexiva, con poca preocupación de lo que los demás puedan decir o pensar de ella.

Reconoce cuál es tu lugar en el cuerpo de Cristo, sea el que sea. Acéptate a ti misma y no trates de ser una persona que no eres.

Lecciones por aprender

Probablemente, cada una de nosotras nos inclinemos a ser más como Marta o como María. Ambas personalidades son necesarias en el Reino de Dios y no debemos menospreciar ni a la una ni a la otra. El Reino de Dios necesita de las Martas: Mujeres organizadas, con un espíritu de servicio, siempre listo y presto para cualquier cosa que se necesite. ¿En qué condiciones estarían nuestros líderes y congregaciones sin esas dedicadas Martas que tanto aligeran la carga? Sin embargo, si eres una Marta, ten cuidado de no ser una mujer tan ocupada que te olvidas de sentarte a los pies del Señor. No es la voluntad de Dios que trabajemos y demos hasta el punto de quedar vacías. Él quiere darnos de sí mismo y eso sólo lo recibiremos cuando nos sentemos y escuchemos su voz.

El Reino de Dios también necesita de las Marías: Mujeres dispuestas a pasar cuanto tiempo sea posible a los pies de Jesús, aprendiendo y empapándose de Él. Ellas serán magníficas maestras, consejeras e intercesoras. Sin embargo, las Marías deben cuidarse de no utilizar su naturaleza como un pretexto para no servir y no involucrarse. Sobre todo deben cuidarse de no caer en el orgullo espiritual y confundir sus propias percepciones con la verdadera dirección del Señor. Seas una Marta o una María, recuerda: Tú vales muchísimo. Trae tus dones bajo el señorío de Jesús y acéptate a ti misma. ¡Eres parte importante de un cuerpo compuesto por muchos miembros!

Hemos hablado de dos personalidades muy diferentes. Al igual que hay una variedad increíble de flores y plantas en el reino natural, así es también en el Reino de Dios. 1 Corintios 12 nos compara con los muchos miembros de un cuerpo y dice que todos los miembros son importantes. Reconoce cuál es tu lugar en el cuerpo de Cristo, sea el que sea. Acéptate a ti misma y no trates de ser una persona que no eres.

Desarrollando disciplina

"Nunca se apartará de tu boca este libro de la ley, sino que de día y de noche meditarás en él; para que guardes y hagas conforme a todo lo que en él está escrito; porque entonces harás prosperar tu camino, y todo te saldrá bien" (Josué 1:8). *"Cerca de ti está la palabra, en tu boca y en tu corazón... que si confesares con tu boca que Jesús es el Señor, y creyeres en tu corazón que Dios le levantó de los muertos, serás salvo. Porque con el corazón se cree para justicia, pero con la boca se confiesa para salvación"* (Romanos 10:8-10). ¿Te fijaste en que la creencia del corazón y la confesión de la boca están ligadas? Es importante notar que la fe se expresa por medio de las palabras. Tu fe nunca crecerá más allá de tu declaración.

Por ejemplo: Si siempre dices que eres débil o inútil, así lo serás. En cambio, si tu confesión es como enseña Joel 3:10: "*Diga el débil fuerte soy*", entonces llegarás a ser fuerte.
Los cristianos que son victoriosos lo son porque creen lo que la Palabra de Dios dice y no se guían por lo que sienten. Por ejemplo, la Palabra de Dios me dice que tengo vida eterna sí creo en su Hijo Jesucristo (1 Juan 5:13), independientemente de lo que siento. Yo soy salva por lo que creo y, si lo declaro con insistencia y fe, llegaré a sentirlo también. Proverbios 18:21 dice: "La muerte y la vida están en el poder de la lengua". Nuestras palabras nos destruyen o nos traen vida. "Del fruto de la boca del hombre se llenará su vientre; se saciará del producto de sus labios" (Proverbios 18:20). Muchas personas se quedan en el hoyo de la depresión, confusión o temor porque hablan negativamente y contradicen con su boca las promesas de Dios.

Los cristianos que son victoriosos lo son porque creen lo que la Palabra de Dios dice y no se guían por lo que sienten. Por ejemplo, la Palabra de Dios me dice que tengo vida eterna sí creo en su Hijo Jesucristo (1 Juan 5:13), independientemente de lo que siento. Yo soy salva por lo que creo y, si lo declaro con insistencia y fe, llegaré a sentirlo también. Proverbios 18:21 dice: "*La muerte y la vida están en el poder de la lengua*". Nuestras palabras nos destruyen o nos traen vida. "*Del fruto de la boca del hombre se llenará su vientre; se saciará del producto de sus labios*" (Proverbios 18:20). Muchas personas se quedan en el hoyo de la depresión, confusión o temor porque hablan negativamente y contradicen con su boca las promesas de Dios.

Cualquier logro en la vida comienza con un fuerte deseo.

La primera marca en la meta: La oración

Cualquier logro en la vida comienza con un fuerte deseo. Si tienes el deseo intenso de ser una persona de oración, aceptarás la disciplina que se requiere para lograrlo, aun si implica cambiar tus hábitos para apartar tiempo fijo para la oración. Al empezar a orar sistemáticamente, tú experimentarás que tu deseo y tu disciplina se convertirán en un deleite que saciará tu corazón. Es necesario dedicar un tiempo a solas con Dios, donde puedas tener comunión íntima con tu Padre Celestial. Allí es donde recibes fuerzas y sabiduría para enfrentar cada día y sus problemas. Dios dice: "Y *me buscaréis y me hallaréis, porque me buscaréis de todo vuestro corazón*" (Jeremías 29:13). La palabra *'buscar'* implica acción y esfuerzo de nuestra parte. Una persona pasiva y conformista no va a recibir del Señor. La mujer que pone al Señor Jesús en primer lugar y lo busca de todo corazón, será una mujer bendecida en todas las áreas de su vida. "*Buscad primeramente el reino de Dios y su justicia, y todas estas cosas os serán añadidas*" (Mateo 6:33).

Si quieres cosechar, tienes que sembrar. Yo les enseño a las hermanas de la iglesia que ahora no podemos venir al altar con ofrendas de animales o con el producto de la tierra, sino que lo que ahora tenemos son nuestras finanzas. No podemos ser mediocres en esto. Si tienes para dar una ofrenda sustanciosa, no debes darle a Dios solamente lo que te sobra. Aprende a plantar semillas en buen terreno y te aseguro que el fruto que cosecharás será abundante y saludable. Si siembras semillas de amor, cosecharas el producto de tu siembra. No siembres discordia, bochinches o pleitos, ya que si así lo haces, serás la mujer más desdichada de esta tierra. Dale a los seres que amas cariño y afecto y serás premiada con respeto y honor.

Jesús y las damas solteras

No puedo culminar este capítulo sin mencionar uno de los grupos más crecientes en las iglesias, trabajos y otros lugares de reunión: Las damas y los varones solteros. Este es un tema del que no se habla ni se enseña mucho en las congregaciones. Algunas mujeres se quedan solteras porque son fieles al llamado de Dios, porque están esperando (en contentamiento o pacientemente) por la persona "correcta" con la cual casarse o porque no se entienden a ellas mismas o las dinámicas de relaciones. Debemos enseñarles a sanar su corazón y a crecer hacia la madurez en Cristo.

Entendiendo la soltería

Se puede vivir soltera y sentirse satisfecha y completa. Debemos entender que hay personas solteras que luchan con la soledad y con otras áreas en su vida. Una mujer puede afirmarse en el llamado de Dios y servirle en su estado de soltería, pero debe también comprender la centralidad e importancia de las relaciones en el matrimonio. Podemos llevar a las personas solteras a vivir en contentamiento en su estado de soltería, mientras manejan el aislamiento de relaciones no saludables. Las personas solteras deben aprender a vivir un patrón de relaciones y servicio que lleven al crecimiento y a la satisfacción personal. Es necesario también animar a los que desean casarse a hacerlo bajo los principios de Dios y a cumplir con un proceso bíblico de salud mental. De acuerdo a una estadística de solteros cristianos, la desventaja más grande de los solteros adultos era acostumbrarse a la soledad, convertirse en ego-céntricos, vivir con inestabilidad financiera, tener restricciones en la sexualidad y luchar con la idea de salir en citas. La ventaja más grande de ser soltero era la movilidad y libertad, tener el tiempo disponible para sus intereses personales, su vida social y su privacidad.

No debemos asumir veredictos acerca de la vida espiritual, emocional, financiera o sexual de las personas solteras. Cuidado con los estereotipos. Debemos recordar que las personas solteras son más variadas que los colores del arco iris. Cada uno ofrecerá sus fortalezas, sus debilidades y sus retos con los cuales debe trabajar individualmente. Nuestros ministerios deben, ante la realidad de la gente a quien le servimos, proveer mensajes y enseñanzas especificas para personas solteras y llevarles a hacerse y contestarse las siguientes preguntas: ¿Cuál es tu condición espiritual? ¿Eres un/a creyente, maduro/a? ¿Tienes batallas espirituales? ¿Qué base ética has desarrollado? ¿Eres divorciado/a, nunca casado/a, viudo/a, o tienes hijos? ¿Hasta qué grado luchas con la soledad y cómo la manejas? ¿Está tu soledad relacionada a decisiones de carrera o a pensamientos no realistas y perfeccionistas? ¿Tienes baja autoestima? ¿Tienes estabilidad residencial, laboral, relacional, familiar, etc.? ¿Te conoces a ti mismo? ¿Eres responsable? ¿Cuidas tu apariencia? ¿Esperas tener conflictos o satisfacción total? ¿Eres cínico/a? ¿Han tenido tus padres un matrimonio exitoso? ¿Tiene tu familia influencia sobre tus pensamientos, creencias y comportamientos?

El plan de Dios para las relaciones es muy claro. Al hacer Dios al hombre, declaró: "*Hagamos al hombre conforme a nuestra imagen*". Dios existe en una forma relacional (Padre, Hijo y Espíritu Santo). Nosotros somos reflejo suyo cuando vivimos envueltos en relaciones profundas con otras personas. El hambre por intimidad es en su esencia un hambre santa, parte de nuestra naturaleza que desea apegamiento por causa del modelo de la Trinidad. Al aprender del amor, somos dirigidos a Él: 1 Juan 4.16 dice: "*El que vive en amor vive en Dios, y Dios en él.*" Jesús caminó entre nosotros como soltero. Él vivió y trabajó para su novia, la iglesia (Efesios 5:25-27). No debemos ser tentados a pensar que Él vivió sus años en la tierra frustrado, en un patrón de espera para que su vida comenzara. Jesús nos demostró devoción a un llamado y una vida profunda de relaciones nutrientes, mientras cumplía el plan de Dios.

Debemos determinar en qué forma percibimos las relaciones. Si ves las relaciones a través de un cuadro micro, como un parasito las ve, esperarás recibir algo positivo antes de dar algo a cambio. Muchas personas solteras tienen como meta conseguir un matrimonio exitoso y escanean el horizonte buscando relaciones que no sean un error. Ellos piensan que su estabilidad depende de encontrar la persona correcta y piensan que no pueden arriesgarse a cometer un error. Muchas veces, ellos ven a otros, no como la imagen creada por Dios quien merece cuidado y respeto, sino como un instrumento para satisfacer sus necesidades.

La soltería debe ser manejada desde un contexto bíblico. Las Escrituras ofrecen una vista positiva a ambos estados, de soltería y de casamiento. Dios dijo que no era "*bueno que el hombre estuviese solo*" (Génesis 2:18), pero Pablo nos ayuda a considerar la soltería: "*Es bueno que el hombre no se case*" (1 Corintios 7:1). La ambigüedad es resuelta cuando llenamos el cuadro bíblico de las relaciones, aun dejando a las personas solteras suficientes oportunidades para que cuestionen y definan su llamado individual.

XI

El secreto del perdón, del amor y del servicio

"Él es quien perdona todas tus iniquidades,
el que sana todas tus dolencias"
(Salmos 100:3)

Una mujer que perdona

Las personas que no entienden el perdón de Dios se convierten en esclavas. Esa esclavitud les impide amar y aceptar a los demás y les perjudica en su matrimonio y en su familia. Las personas así terminan sintiéndose asfixiadas y no disfrutan de la vida abundante que Cristo prometió a los que creen en Él. Tú puedes lograrlo. Comienza perdonando hoy, primero a ti misma y luego a todos los que te rodean. Alguien dijo: *Perdonar es dejar en libertad a un prisionero y descubrir que el prisionero eras tú.* La oración del Padre nuestro dice: "*Y perdónanos... así como nosotros también perdonamos*". ¡No pudiera ser más claro! Si nosotros no perdonamos, no seremos perdonados. Jesús contó una parábola en Mateo 18:23-35 para enfatizar esta gran verdad. Esta parábola se refiere a toda persona que no perdona. Así como Dios nos perdonó, Él ahora espera que nosotros también perdonemos.

Si no perdonamos, seremos atormentadas por los verdugos (símbolo de demonios).

> *Por lo cual el Reino de los cielos es semejante a un rey que quiso hacer cuentas con sus siervos. Y comenzando a hacer cuentas, le fue presentado uno que le debía diez mil talentos. A éste, como no pudo pagar, ordenó su señor venderle, y a su mujer e hijos, y todo lo que tenía, para que se le pagase la deuda. Entonces aquel siervo, postrado, le suplicaba, diciendo: "Señor, ten paciencia conmigo, y yo te lo pagaré todo". El señor de aquel siervo, movido a misericordia, le soltó y le perdonó la deuda. Pero saliendo aquel siervo, halló a uno de sus consiervos, que le debía cien denarios; y asiendo de él, le ahogaba, diciendo: "Págame lo que me debes." Entonces su consiervo, postrándose a sus pies, le rogaba diciendo: "Ten paciencia conmigo, y yo te lo pagaré todo". Más él no quiso, sino que fue y le echó en la cárcel, hasta que pagase la deuda. Viendo sus consiervos lo que pasaba, se entristecieron mucho, y fueron y refirieron a su señor todo lo que había pasado. Entonces, llamándole su señor, le dijo: "Siervo malvado, toda aquella deuda te perdoné, porque me rogaste. ¿No debías tú también tener misericordia de tu consiervo, como yo tuve misericordia de ti?" Entonces su señor, enojado, les entregó a los verdugos, hasta que le pagase todo lo que le debía. Así también mi Padre Celestial hará con vosotros, si no perdonáis de todo corazón cada uno a su hermano sus ofensas.*

La falta de perdón es un veneno que se esparce por todas las facetas de su personalidad, provocando la muerte espiritual, emocional y, en ocasiones, hasta la física.

El verdadero perdedor

El individuo que tiene un espíritu que no perdona siempre pierde mucho más que aquel con el que está enojado. La falta de perdón es un problema que existe en todo nivel de personas. Esto nos impide avanzar en la vida cristiana. Cuando alguien nos hiere, nuestra tendencia es reaccionar en la carne y responder de alguna manera. Queremos tomar represalias y enseguida intentamos desquitarnos o vengarnos de aquel que supuestamente es el culpable o el causante de la ofensa. Usualmente hablamos mal de ellos y nos convertimos en enemigos vitalicios. Esto perjudica otras relaciones, en especial las relaciones matrimoniales. Es común que los problemas matrimoniales se originen en la hostilidad que la pareja ha sentido desde la niñez y que ahora la repiten en sus hijos.

La falta de perdón es un veneno que se esparce por todas las facetas de su personalidad, provocando la muerte espiritual, emocional y, en ocasiones, hasta la física. Guardar resentimiento es como agarrar una serpiente cascabel por la cola. ¡Con seguridad te va a picar! *"Mirad bien, no sea que alguno deje de alcanzar la gracia de Dios; que brotando alguna raíz de amargura, os estorbe y, por ella, muchos sean contaminados"* (Hebreos 12:15). ¡Cuántas madres solas crían a hijos emocionalmente deficientes a causa de su propia amargura contra un marido que les abandonó! Los médicos afirman que la raíz de algunas enfermedades es el rencor. Abundan testimonios de personas que pagaron el precio en su propio cuerpo, con úlceras y otras enfermedades físicas y/o emocionales por guardar rencor. Tú puedes ser libre hoy de esa carga de rencor que has estado cargando por tantos años. Toma la decisión ya y declara que no serás vencida de lo malo sino que serás una vencedora, en el nombre de Jesús.

¿Cómo puedo perdonar?

Tal vez estés pensando: *No puedo perdonar. Mi marido me ha ofendido grandemente. Mi padre me abandonó y no puedo perdonarlo. Mis hijos me han herido profundamente. No siento que pueda perdonar a todos aquellos que me han herido.* Sin embargo, hay buenas noticias. Reconoce cuánto Dios te ha perdonado. Batallamos para perdonar porque no hemos entendido o percibido lo grandes que son nuestras propias ofensas contra Dios y la grandeza de su misericordia hacia nosotros, por medio de su Hijo Jesucristo. *"Mas Dios muestra Susu amor para con nosotros, en que siendo aún pecadores, Cristo murió por nosotros"* (Romanos 5:8).

Decide actuar. Perdonar no es una emoción, sino una decisión. Si tú decides perdonar, puedes hacerlo. Aunque tus emociones estén gritando que no lo hagas, desde tu voluntad y desde tu espíritu puedes decidir perdonar. Luego, di en voz alta: *Padre Santo, yo perdono a mi marido, a mi padre, a mis hijos y a todos los que me han ofendido.* Posiblemente, la primera vez que expreses tu perdón no vas a sentir nada, pero sigue declarando con tu boca lo que has decidido en tu espíritu y en poco tiempo empezarás a sentirte diferente. Esa nube negra de rencor y de depresión se quitará de ti.

> Perdonar no es una señal de debilidad, sino de madurez.

Algunas mujeres dicen que no pueden perdonar. En realidad, lo que están diciendo es que no quieren perdonar. Una esposa puede decir: *No puedo perdonar a mi marido porque él ha destruido 15 años de mi vida.* La verdad es que si ella no decide perdonar, la amargura destruirá los próximos años de su vida. No digo que sea fácil, sólo digo que, con la ayuda de Dios, todo es posible. El Señor nunca nos manda a hacer algo que sea imposible. Si tú estás batallando para alcanzar la victoria total del perdón, pídele a Dios que te dé el poder para hacerlo.

Perdonar es señal de madurez

Perdonar no es una señal de debilidad, sino de madurez. Alguien dijo que la madurez se muestra en la disposición de perdonar una ofensa más grande que la suya propia. Una esposa demuestra madurez cuando está dispuesta a perdonar el adulterio de su marido, aunque ella nunca fue culpable de tal cosa. Esto de ninguna manera implica que la otra persona tenía la razón o estaba justificada. La persona simplemente ha tomado una decisión de perdonar porque está consciente de que Dios le ha perdonado todas sus ofensas. Sin embargo, esto no implica que la mujer deba seguir aguantando abusos. El hecho de que tú perdones no significa que la otra persona va a cambiar, aunque muchas veces, después de una lucha espiritual, esto sí sucede. Cuando no sucede, la mujer necesita tomar medidas para no seguir siendo abusada. El perdonar no significa ceder tu valor como persona, ni tampoco liberta a la otra persona de ser responsable de sus acciones.

Perdónate a ti misma

A veces, la persona más difícil de perdonar es a una misma. Algunas mujeres viven años con la culpabilidad de pecados del pasado, como quizás un aborto, su parte en la desintegración de un matrimonio o por los errores que cometió con sus hijos que ya son mayores. Pero, ¿cómo te perdonas a ti misma? Aprende lo que puedas de tus errores para no volver a cometerlos. Confiesa tus pecados. "*El que encubre sus pecados no prosperará; mas el que los confiesa y se aparta alcanzará misericordia*" (Proverbios 28:13). Hay pecados cometidos que sólo debemos confesar a Dios. Por ejemplo, si secretamente has estado enamorada del esposo de tu mejor amiga, arrepiéntete y aléjate, pero no se lo confieses a tu amiga, a menos que ella se haya dado cuenta de la situación y te pida que se lo confieses. Entonces, remedia lo que puedas del daño del pasado. Da pasos para restaurar relaciones rotas. Inténtalo las veces que puedas porque esto te traerá paz. Debes también aprender a aceptar lo que no puedes cambiar. Alguien escribió esta oración: *Señor, dame la serenidad para aceptar las cosas que no puedo cambiar, la fortaleza para cambiar lo que puedo y la sabiduría para entender la diferencia.* Expresa, en voz alta: *Me perdono a mí misma,* una y otra vez. Rehúsa vivir en auto-condenación, pues ella nos paraliza e impide que cumplamos la voluntad de Dios (Marcos 14:66-72). El hecho de perdonar no cambia el pasado, pero sí cambia el presente y el futuro, y más importante, te cambiará a ti.

La mujer y el amor

El doctor René Spitz condujo un estudio durante varios meses en un orfanato con niños abandonados recién nacidos. No tenían suficiente personal y solamente había una enfermera por cada 10 niños. El doctor descubrió que aproximadamente el 30% de los bebés se murieron antes de cumplir un año. Llegó a la conclusión de que *el hambre emocional es tan peligrosa como el hambre física. Es más lenta, pero igual de efectiva.* Aprovecha cada instante que tienes con tus hijos. Un día ellos crecerán, se irán de tu lado y solo el recuerdo de haber tenido una relación saludable los mantendrá en contacto contigo. No apartes a la gente de ti. Mejor atráelos con el ingrediente del amor y el perdón.

La mujer es clave en la expresión del sentimiento del amor. Proverbios 14:1 dice: "*La mujer sabia edifica su casa; mas la necia con sus manos la derriba*". ¿Te fijaste que dice que la mujer, no el hombre, edifica su casa? Generalmente, depende de la mujer si el hogar es un refugio, un pedacito del cielo en la tierra o si es un campo de batalla. La mujer es clave para romper patrones generacionales dañinos cuando ella decide amar incondicionalmente. Dios nos ha dotado a nosotras, las mujeres, con una capacidad enorme para amar y para expresar amor. Se ha comprobado con estudios científicos que, desde la cuna, la mujer muestra la habilidad para sentir compasión y ternura más que el hombre.

El amor puede ser aprendido. La Biblia dice en Tito 2:4 "*... que enseñen a las mujeres jóvenes a amar a sus maridos y a sus hijos*". Cuando el apóstol Pablo dijo a Tito que las mujeres mayores deben enseñar a las mujeres jóvenes a amar a sus maridos y a sus hijos, él estaba revelando una verdad: la capacidad de amar es algo que se aprende. Si tú no sabes cómo amar a tu esposo porque no tuviste un buen ejemplo en tu propia casa, procura relacionarte con una mujer que sí ama y respeta a su marido y aprenderás mucho sólo observando. Si tú no sabes cómo amar a tus hijos por falta de un buen ejemplo, cultiva una relación con una mujer mayor de edad que sea un ejemplo como madre y aprenderás a amar y criar a tus hijos. El amor se puede aprender. El amor debe también ser expresado. Existen dos maneras efectivas para expresar amor en nuestra familia: con palabras significativas y con toques significativos.

Las palabras significativas

"*La blanda respuesta quita la ira*" dice Proverbios 15:1. El libro de Proverbios está lleno de consejos sabios en cuanto a nuestra lengua. Proverbios 18:21 dice que "*la muerte y la vida están en poder de la lengua*". Usa tu boca para hablar vida sobre tu familia. Personalmente recomiendo el libro Poder en tu boca, por Víctor Ricardo, el cual ha transformado la vida de muchos. En vez de que les digas a tus hijos: *Eres un inútil. No sirves para nada. Por qué no eres tan inteligente como tu hermana.*

Tú serás como tu padre, un bueno para nada. Usa tu boca para decir cosas como: *Tú serás una bendición en la tierra. Eres especial para mí y somos bendecidos porque tú naciste.* Usa tus palabras para bendecir y no para maldecir.

Los toques significativos

En los últimos años, se ha estudiado mucho sobre la importancia de los toques significativos. Un toque significativo es un toque tierno, una caricia, un beso o un abrazo dado por las personas importantes en nuestra vida, como el cónyuge, los padres, los hijos, un(a) amigo(a) íntimo(a), un pastor, etc. En las Escrituras, el imponer manos tenía un significado simbólico de impartir bendición o poder. Génesis dice que Isaac bendijo a Jacob y le dijo: "*Acércate y bésame hijo mío*". Para ese entonces, Jacob no tenía 4 años, tenía por lo menos unos 40. Los psicólogos y profesionales en el tema dicen que hay beneficios emocionales y aún físicos en el toque significativo.

En un estudio de algunos años atrás, se comprobó que la mayoría de los jóvenes más destacados en la escuela eran quienes recibían, a diario, palabras y muestras físicas de afecto por parte de sus padres. Hace algunos años, un juez en el estado de Texas, quien trabajaba con jóvenes desorientados, llegó a convencerse tanto de la importancia de dichos toques que diseñó y promocionó una calcomanía para pegar en la defensa de los automóviles que decía: *¿Has abrazado a tu hijo hoy?*

Amar es una opción. Todo ser humano tiene la capacidad de hacer buenas o malas elecciones. Aunque todos en alguna ocasión hemos tomado malas decisiones, esto no significa que volveremos a hacerlo en el futuro. No hay mayor amor que el amor que nos sostiene cuando parece que no hay nada de donde agarrarnos. No importa cuántos problemas pueda traernos el mar de la vida, agárrese a la correa con amor. ¡Una vida se podrá salvar por confiar a Dios lo imposible!

"El amor nunca deja de ser: pero las profecías se acabarán, y cesarán las lenguas, y la ciencia acabará" (1 Corintios 13:8).

La amistad, la mujer y la Biblia

A Dios le interesan asuntos como nuestras amistades. Cuando consideramos que tan sólo en el libro de Proverbios hay nueve versículos que tratan de la amistad, llegamos a la conclusión de que a Dios sí le interesan nuestras amistades. La palabra hebrea *alluph*, que significa *amigo o dirigente*, se repite varias veces en el libro de Proverbios y también se traduce como *guía, compañero, vecino*. Muchos estudios confirman que nosotras las mujeres hemos sido capacitadas de forma especial para la comunión íntima. Un estudio realizado en la Universidad de Harvard, encontró que las niñitas con pocos meses de nacidas, reconocen caras humanas y pueden distinguir voces antes que los varoncitos de la misma edad. Otro estudio de la revista *Parents* (*Padres*), mostró que aún en la cuna, las niñas eran más propensas que los varoncitos a llorar cuando había otro niño llorando. *Desde la cuna, la mujer muestra la habilidad de empatía, es decir, de meterse dentro de las emociones o dentro del alma de otra persona, para sentir lo que sienten*, dice el estudio. Hay excepciones, pero por lo general, a los hombres les gusta tener actividades con otros hombres, como el béisbol, la pesca, la cacería, etc., pero no se abren el uno con el otro para expresar sus emociones, sentimientos, temores, anhelos, etc. Sin embargo, ¿qué sucede cuando dos o tres mujeres que casi ni se conocen van juntas en un viaje? En unas cuantas horas ya se conocen a fondo y hasta quizás sus íntimos anhelos, gustos y grandes desilusiones. Los hombres, al contrario, pueden viajar por horas juntos y terminar como empezaron.

Beneficios de una linda amistad

"Más valen dos que uno, pues mayor provecho obtiene de su trabajo. Y si uno de ellos cae, el otro lo levanta. ¡Pero ay del que cae estando solo, pues no habrá quien lo levante! Además, si dos se acuestan juntos, uno a otro se calienta; pero uno solo, ¿cómo va a entrar en calor? Uno solo puede ser vencido, pero dos podrán resistir" (Eclesiastés 4:9-12). El Dr. James Lynch, en su libro *El corazón quebrantado*, muestra que las personas solitarias viven vidas más cortas que la población en general. El Dr. Lynch, un especialista en enfermedades psicosomáticas (enfermedades físicas reales, pero originadas por problemas emocionales), confirma, con muchas estadísticas, lo insano de una vida aislada y el poder mágico de las buenas relaciones interpersonales.

Los doctores Minirth y Meier, de una conocida clínica para enfermedades emocionales, en Dallas, Texas, dicen: *La mayoría de nuestros pacientes que tienen que ser hospitalizados porque padecen de angustia, no tienen amigos íntimos. Estas personas no sólo no tienen esta clase de amistad, tampoco entienden el papel importante de las amistades en la salud mental de todos nosotros.* Un amigo se convierte en algo esencial en la prueba. Un buen amigo anima y consuela. *"Para alegrar el corazón, buenos perfumes; para endulzar el alma, un consejo de amigos"* (Proverbios 27:9, DHH). Un estudio encontró que ambos, hombres y mujeres, sienten menos soledad cuando pasan tiempo con mujeres. Esto es porque las personas tienden a abrirse más y revelar su verdadero sentir con una mujer y es sanador hacerlo.

Una mujer que estaba pasando por el trauma del divorcio, fue a ver a un psicólogo para determinar si necesitaba terapia, y él le preguntó si ella tenía alguna amiga íntima. Cuando le contestó que sí y que compartían la una con la otra todo lo que había en sus corazones, el doctor le dijo que entonces ella no necesitaba de sus servicios. Un médico escribió: *Creemos que se puede reducir la ansiedad a la mitad, sólo platicando con un amigo lo que uno trae adentro.* Considera esto como una buena medicina y consigue una amiga que sea fiel y honesta. Tener una buena amistad nos inspira y nos reta intelectual, emocional y espiritualmente. *"Hierro con hierro se aguza; y así el hombre aguza el rostro de su amigo"* (Proverbios 27:17). El Dr. Minirth, un destacado psicólogo cristiano, escribe en cuanto a la depresión: *Una causa de la depresión es la falta de intimidad con otros, es decir, la soledad.* Hemos sido diseñados por Dios para necesitarnos el uno al otro. Sin embargo, existen riesgos en buscar y edificar amistades íntimas.

Una buena regla es usar las cosas y disfrutar de la gente. Sin embargo, muchas veces hacemos las cosas al revés: disfrutamos de las cosas y luego intentamos usar a la gente a nuestro capricho y antojo.

Riesgos de una amistad íntima

Algunas mujeres han sido tan heridas por otras mujeres, que ya no procuran amistades de su propio sexo. ¿Cuáles son algunos riesgos de abrirse y establecer una amistad íntima con personas del sexo opuesto? Puedes caer en el riesgo de enamorarte de esa persona, entre otras grandes dificultades que se pueden presentar. Otra razón es que no podemos negar es el hecho de que las mujeres, por lo general, tienden a ser más chismosas que los hombres. La realidad es que somos más comunicativas.

La Biblia nos dice: *"El chismoso aparta a los mejores amigos"* (Proverbios 16:28), y *"sin leña se apaga el fuego y donde no hay chismoso, cesa la contienda"* (Proverbios 26:20). La Palabra de Dios no sólo condena al chismoso, sino que también nos advierte de no andar con esta clase de personas. "*El que anda en chismes descubre el secreto; no te entremetas, pues, con el suelto de lengua*" (Proverbios 20:19). Obviamente, tenemos que ser prudentes con quién compartimos y a quién le abrimos nuestro corazón. A la vez, si reconoces que a ti te gusta hablar demás acerca de otras personas, confiésalo delante de Dios y proponte aprender a ser discreta. Tampoco cedas a escuchar chismes de otros. Cinco minutos de plática intrigante pueden destruir vidas.

Otra razón es el temor al rechazo. Una tortuga sacó su cabeza en medio de una tormenta de granizo, y después comentó: *Jamás haré esto otra vez*. Tenemos que estar dispuestas a correr riesgos, a "sacar la cabeza", a no siempre quedarnos dentro de nuestro caparazón y vivir aisladas. Tenemos que aceptar que aunque hayamos tenido una mala experiencia en el pasado, esto no significa que siempre será así. La única manera de tener una buena amiga es siendo una. "*El hombre que tiene amigos ha de mostrarse amigo; y amigo hay más unido que un hermano*" (Proverbios 18:24). El amor tiene que expresarse. "*En todo tiempo ama el amigo...*" nos dice Proverbios 17:17. Una buena regla es usar las cosas y disfrutar de la gente. Sin embargo, muchas veces hacemos las cosas al revés: disfrutamos de las cosas y luego intentamos usar a la gente a nuestro capricho y antojo. El amor incluye lealtad y fidelidad. La Biblia nos enseña que "*el que cubre la falta busca amistad*" (Proverbios 17:9) y que "*el amor cubrirá las faltas*" (Proverbios 10:12). Un buen amigo no se ciega a los errores de la otra persona, sino que la sigue amando, sin importar lo que haya sucedido.

Jesús, nuestro ejemplo

Jesús señaló a sus discípulos que, aunque en el mundo los grandes ejercen potestad sobre los demás, en su Reino las cosas son diferentes. Él declaró: "*mas entre vosotros no será así, sino que el que quiera hacerse grande entre vosotros será vuestro servidor, y el que quiera ser el primero entre vosotros será vuestro siervo; como el hijo del Hombre no vino para ser servido, sino para servir, y para dar Susu vida en rescate por muchos*" (Mateo 20:26-28).

En el Reino de Dios, la manera de subir es bajando. Al igual que muchas otras cosas en el Reino de Dios, un factor determinante no es meramente si se hizo algo, sino cómo se hizo. Vivimos en una sociedad en la que dependemos los unos de los otros. Son pocas las personas (salvo las muy ricas y que sean a la vez egoístas) que nunca sirven a otros. Aun un gran porcentaje de carreras y profesiones tienen que ver con el servicio a otros. Probablemente todos hemos experimentado lo bien que nos hace sentir ser servidos por otros. En otras ocasiones, nos hemos sentido muy mal por el servicio que otros nos han brindado, ya que son personas a quienes no les agrada servir y terminan convirtiéndose en servidores mediocres. Hay oportunidades casi sin límites para la mujer que desea servir, siempre y cuando ella tenga motivos correctos.

Conclusión

Amiga lectora, tenemos el gran reto de aprender a vivir y ayudar a otros a vivir. Al hacer esto descubrirás el principio terapéutico de las palabras del Señor Jesucristo: "*Es más bienaventurado* (produce mayor felicidad) *dar, que recibir*" (Hechos 20:3). Viva y ayude a vivir. Estos consejos son para llenarte de fe, valor y firmeza de carácter. Eres pertenencia de Dios. Eres libre por que Jesús te liberó. Si tomas pasos positivos en tu vida y trabajas con tu autoestima, entonces descubrirás lo que Dios piensa de ti. La clave mayor es aceptarte a ti misma para así poder aceptar a otros. Si aceptas la evaluación de Dios, el Creador del universo, puedes levantar tu cabeza con dignidad y saber que eres de gran valor.

Cuando logres aceptarte a ti misma podrás disfrutar de una relación saludable con tu pareja. El esposo necesita saber que, para que haya éxito en la relación sexual, la mujer necesita sentirse deseada emocionalmente, comprendida, amada y además tener un tiempo de acercamiento físico antes del acto sexual. El sexo puede ser muy bello o muy destructivo. Este puede ser un acto importante de amor e intimidad entre un esposo y una esposa, pero también puede ser algo que hace mucho daño. Al igual que el fuego, que nos da calor y nos permite cocinar nuestros alimentos, también nos puede dejar cicatrices permanentes o incluso matarnos, si no se controla.

Pídele a Dios que te ayude a rechazar esas falsedades que no te dejan funcionar y agárrate de la verdad de quién tú eres en Cristo. Tienes que identificar cualquier actitud negativa que dañe tu habilidad de verte realmente como Dios te ve. Todos tenemos áreas fuertes y áreas débiles. Ya has aprendido que tu habilidad para establecer metas saludables depende de lo que tú crees de ti misma. Cambia los mensajes negativos llenándote de la verdad. Primeramente, reenfoca tu atención mirándote a ti misma a través de la perspectiva de Dios. Él te ve como una persona completa en cuerpo, alma, y espíritu. Él se preocupa más de quien eres tú internamente.

Si la lectura de este libro te hace reflexionar y sientes que necesitas alguna ayuda pero no tienes a nadie que te aconseje o te ayude en el área de tu necesidad, puedes comunicarte conmigo por correo electrónico a *pastorhaydees@aol.com*. Estoy disponible para conferencias, estudios, retiros, entre otros, si me necesitas. Juntamente con mi esposo, el apóstol Noel Santiago, pastoreamos el Centro Cristiano de Perth Amboy, en New Jersey, USA. También puedes escribirme al Centro Cristiano de Perth Amboy: P.O BOX 384, Avenel NJ 07001. Con mucho gusto te serviré.

¡Levantemos juntas a la mujer del siglo 21!

Bibliografía

Biblia Reina-Valera 1960.

Biblia Mujeres de Propósito, Tipografía de la edición en castellano: A & W Publishing Electronic Services, Inc.

Chapman, Gary, *The Five Love Languages*, Northfield Publishing.

Chapman, Gary, *Las cinco características de una familia amorosa,* Editorial Unilit.

Jacobs, Cindy, *Mujeres de propósito*, Editorial Caribe 1999.

Demetre, Danna, RN, *Scale Down,* - Fleming H. Revell A Division of Baker Book House Company.

Gottman, John, Ph.D with Silver Nan, *Why Mmarriages Succeed Or Fail,* Simon & Schuter.

Rainey, Dennis & Barbara, *Starting Your Marriage Right*, Thomas Nelson Publishers, Nashville.

Rainey, Dennis & Barbara, *Building Your Mates Self-Esteem*, Thomas Nelson Publishers, Nashville.

Lit Tauer, Fred & Florence, *Freeing Your Mind From Memories That Bind*, Harvest House Publishers.

Hagee, Diana, *La hija del Rey*, 2003 Editorial Caribe, Inc.

Devocionario de Dios para mujeres, Editorial Unilit.

Dr. Myles Monroe, *Entendiendo el propósito y el poder de la mujer*, 2003.

Dobson, James, Dr., *Fuentes de la depresión en las mujeres.*

Minirth & Meier, Dr., clínica en Dallas, Texas (pg.190).

www.medlineplus.com

Dr. Kevin Leman, *Música entre las sabanas*, Editorial Unilit, mayo 2004.

Foster, Richard J., *Alabanza a la disciplina.*

Ogilvie, Lloyd John, *Praying with Power.*

Acerca de la autora

La pastora **Haydee Santiago** es co-fundadora del Centro Cristiano de Perth Amboy, también conocido como el *PAC Center*, en el estado de Nueva Jersey, Estados Unidos. Estudió en la *Universidad de Puerto Rico*, en el *Instituto Bíblico de la Gran Comisión*, en *Blanton Peale School of Religion & Health*, en *NY Theological Seminary*, y en la *Universidad Nuevo Pacto Internacional*, donde recibió el premio a la mejor tesis basada en el ministerio de la mujer.

Su carrera profesional incluye educación a niños de edad pre-escolar y trabajo social. Ella y su esposo son anfitriones del programa de televisión *Edificando familias saludables*, de *Alerta TV*, y también llevan el mensaje de la Palabra de Dios a través de *Radio Visión Cristiana*.

Haydee Santiago ha desarrollado fundaciones y programas de niños en Republica Dominicana y Honduras. Como pastora y conferencista, ella también usa su don profético para empoderar a las mujeres, y viaja por muchas ciudades y naciones ministrando con autoridad temas concernientes a la mujer integral. Su pasión es equipar a las mujeres de manera que se realicen como madres, esposas y mujeres exitosas para el Reino de Dios.